极简绩效管理法

让绩效管理回归简单

李彬·著

SPM
南方出版传媒
广东经济出版社
—广州—

图书在版编目（CIP）数据

极简绩效管理法/李彬著．—广州：广东经济出版社，2019.5
ISBN 978－7－5454－6604－1

Ⅰ.①极… Ⅱ.①李… Ⅲ.①企业绩效－企业管理 Ⅳ.①F272.5

中国版本图书馆 CIP 数据核字（2018）第 298557 号

出 版 人：李　鹏
责任编辑：蒋先润
责任技编：许伟斌
封面设计：回归线

出版发行	广东经济出版社（广州市环市东路水荫路11号11～12楼）
经销	全国新华书店
印刷	广东新华印刷有限公司 （广东省佛山市南海区盐步河东中心路）
开本	730毫米×1020毫米　1/16
印张	13.5
字数	220 000字
版次	2019年5月第1版
印次	2019年5月第1次
印数	1～5 000册
书号	ISBN 978－7－5454－6604－1
定价	45.00元

如发现印装质量问题，影响阅读，请与承印厂联系调换。
发行部地址：广州市环市东路水荫路11号11楼
电话：（020）38306055　邮政编码：510075
邮购地址：广州市环市东路水荫路11号11楼
电话：（020）37601950　营销网址：**http://www.gebook.com**
广东经济出版社新浪官方微博：**http://e.weibo.com/gebook**
广东经济出版社常年法律顾问：胡志海律师

前言

PREFACE

让绩效管理简单起来

随着极简主义的盛行，不少企业管理者把这一理念运用到绩效管理工作中。

绩效管理，是指各级管理者和员工为了达到组织目标，共同参与的绩效制定、绩效沟通、绩效考评、绩效结果应用、绩效目标提升的持续循环的过程。

很多企业开始实施绩效管理制度，希望通过绩效管理来提升员工的能力，进而提高企业绩效。但在实际实施过程中，管理者发现，绩效管理从设计到操作是一个非常烦琐的过程，操作起来比较吃力。不但相关理论不容易理解，还经常需要根据出现的问题增加操作流程，查漏补缺，大费周折之后，效果却仍然不理想。为此，不少管理者对绩效管理“心有余而力不足”，最后绩效管理就成了形式主义。

在这种情况下，简化绩效管理成为企业界越来越关注的问题，也是许多管理者急于解决的问题。由此，极简绩效法则应运而生。

极简绩效法则，其实就是树立极简的绩效理念、简化绩效设计和绩效操作流程，摆脱对专业的依赖，让绩效管理变得轻松、简单。管理者和员工可以从极简绩效法则的实施中得到益处，并能够在这一法则的实行中体会到乐趣。

本书一共分为四个部分。第一部分，绩效管理理念。结合具体的实例向读者传递极简绩效管理理念，让读者明白绩效管理其实是一件简单的事情。第二部分，绩效设计。为管理者提供了简单的绩效设计方法，帮助他们轻松解决绩效设计问题。第三部分，绩效操作。通过简单地实施绩效计划，让员工能够积极主动地完成工作任务。第四部分，绩效改进。通过改进，让绩效管理更简单、更有效。

实施极简绩效管理，有助于把人力、物力、财力用到正确的事情上。本书旨在帮助管理者找到更多的极简方式去解决绩效管理中存在的问题。无论你对绩效管理概念完全陌生，还是对绩效管理有浅显认识，本书都将带给你一个全新的认识，帮助你深入了解并掌握绩效管理的极简法则。真正切实可行地运用极简理念，用最简单的方式实现快捷、有效的绩效管理，实现企业的业绩倍增。

目录 Contents

PART 1

绩效管理其实很简单 / 1

PART 3

绩效操作极简法则 / 115

PART 4

绩效改进极简法则 / 159

温馨提示：扫描本书扉页或内文最后一页二维码，获取极简绩效管理实用表格、在线测试题等超值配套服务

PART 1

绩效管理其实很简单

相当一部分企业的绩效管理工作之所以流于形式，就是因为对绩效管理的理念存在误区。比如，赋予绩效管理太多功能、对绩效管理的目的不理解等。如果对绩效管理的一些基本理念进行梳理、简化，我们会发现，绩效管理其实很简单。

温馨提示：扫描本书扉页或内文最后一页二维码，获取极简绩效管理实用表格、在线测试题等超值配套服务

法则1 把组织当作一个系统

很多企业管理者认为绩效管理工作过于复杂，要做好绩效管理困难重重。

的确如此，绩效管理会受到诸如企业战略、企业文化、人岗匹配、绩效激励以及领导能力等各种复杂因素的影响。把其中任何一个因素单独拎出来，都足以值得让企业设立专门的部门去研究分析。

但是，如果把组织拆分成数个因素，分别处理、研究，整个组织就会变成一盘散沙，组织的运转也会停滞、瘫痪。

极简绩效的第一个法则就是：把组织当作一个系统，建立系统性思维。

系统性思维就是运用系统化观点，把和绩效相互联系的各个方面进行系统认识的一种思维方法。在绩效管理过程中，只有建立系统性思维，才能立足全局，抓住关键指标，进而不失原则又灵活有效地处理各种问题。

在传统的绩效管理中，人们经常使用的是机械性思维。

技术部门要研发一个新项目，但由于某些原因导致进度出现问题。为了解决进度问题，项目经理安排技术骨干张三暂时脱离组织，单独追赶进度。结果因为张三的脱离，整个研发组织出现了更多的错误。项目经理又安排张三去纠正错误，进度因此被拖得更慢。

这种“头痛医头，脚痛医脚”的方式就是典型的机械性思维。很明显，这样做的结果只会让绩效管理变得越来越复杂、无效。

我们可以把组织当作一个系统，在出现“进度问题”时，首先立足于整体，寻找问题的根源，从根本上寻求解决问题的方法。这样的绩效管理才是彻底的、有效的。在具体绩效管理中，我们要注意以下几点原则：

➢对绩效进行全面思考，而不只是就事论事；

➢立足全局，从组织和绩效、组织和人、人和绩效的相互作用的过程来认识和把握绩效；

➢注重整体效益和整体结果；

➢系统的状态是灵活的，可以转换、控制；

➢系统的最优源自结构的最优，而不是各元素的最优。

系统性思维要求管理者在绩效实现的过程中，必须从全局出发，思考和处理问题。

在上述案例中，如果在项目启动时，项目经理就立足全局，全面考虑到可能会影响进度的各种因素，例如技术人员的能力、技术研发过程中出错的概率、各技术员之间的相互配合等，进而找到各因素之间相互作用的关系，那么就能搭建一个最有利于保障进度的系统。例如，建立一个独立的、专门处理各种突发问题的小组，保证研究系统里每个人都能各司其职，而不必临时“救火”。

当然，仅仅立足全局还不能称为系统化。系统化的关键在于不同因素之间产生“相互作用”。就像一个正常运转的齿轮，必须是两个以上的齿轮相互契合、挤压，单个齿轮做得再完美、再强大也不能转动。同样，绩效管理的系统性思维强调和绩效实现相关的各要素之间有相对稳定的作用关系，也就是系统的结构。而这个结构只有一个目的：实现高效。

极简管理箴言

让绩效管理归于简单，

从把组织当作一个系统开始。

法则 2　提高效率是终极目的

绩效管理，简单来说是对每个员工的工作过程和结果进行管理。在这个过程中，管理者可以通过绩效考核、绩效辅导沟通等环节，发现员工的优势和劣势，进而有针对性地帮助员工改进绩效，提高工作效率。

所以，绩效管理的终极目的是提高个人、部门和组织的工作效率，进而促进企业快速发展。

不少企业虽然制定了绩效管理制度，但在运用这个制度的过程中，却发现员工的工作效率还是没有得到提升。究其根源，是管理者把“绩效”简单地等同于业绩，即工作目标的达成度。在评价员工或者部门绩效水平的时候，也只关注业绩目标完成的情况。

虽说现代绩效管理改变了传统绩效管理中只注重考核结果和“秋后算账”的管理模式，但是，现代绩效管理模式看重的依旧是结果，很少有人将重点放在结果形成的效率上。而这种看重结果的绩效管理模式，无疑会使员工因为追求速度而忽视质量，最终导致整个团队的工作效率低下。

不少企业管理者为了督促员工达成自己想要的结果，会在绩效管理中设置相应的惩罚措施。比如，要求业务人员每天必须拜访 100 个客户，或者成功卖掉 50 件产品。一旦员工没有达成目标，就要受到惩罚。在管理者看来，这是一种激励方式，但是对于员工而言，却是一种约束。

在实际工作中，员工会因为害怕被惩罚，工作中处处小心翼翼、束手束脚，甚至可能为了达成目标而“不守规矩”。比如，为了达成拜访 100 个客户的目标，业务员敲开门只是简单问上几句，就转身离开，这样根本没有达到“积累客户资源”的效果。或者为了达成“成功卖掉 50 件产品”的目标，业务员鼓励身边的亲戚朋友帮忙购买。但事实上，即使一时能达成目标，也只是“镜花水月”，难以持久。这样的绩效管理无疑是只管到了表层。

此外，在跟同事的协作中，有的员工也会因为担心同事拖累自己的进度，而不愿意相互提供帮助。如此长久下去，不仅会影响团队成员之间的关系，还会因为员工之间缺乏沟通、协作而影响整个团队的效率。

真正意义上的绩效管理，是对员工工作效率和工作计划的督促，并在此基础上设置合理的激励措施，激励员工高效地完成任务。

只有个人和团队的工作效率都提高了，业绩倍增才有望实现。

在绩效管理中，要达成提高效率的终极目的，需要注意以下几点：

➢建立精细的效率类指标，如客户意见处理的时效；

➢对于结果类的指标，也要遵循 SMART 原则，明确目标完成的时间；

➢将工作效率的概念加入企业文化中，并加大宣传力度；

➢制定注重效率的竞争机制。

通过采取以上措施，企业的绩效管理就能形成既关心绩效结果，又注重工作效率的良好局面。在这样的绩效管理模式中，员工不仅能专注于自己的工作，提升工作效率，也会主动跟同事沟通，促进团队协作，进而提高整个团队的工作效率。这样一来，在企业上下就能形成一种高效率的企业文化。

所以，要做好绩效管理，企业就不能仅仅将重点放在“结果”上，这样很容易造成短视化、表面化的弊端。对于企业而言，要维持继续发展的动力，就应该把目光放得更加长远，不仅要追求良好的绩效成果，还要持续保障业绩产生的高效率。

极简管理箴言

卓越的绩效管理要关注结果，

更要关注完成结果的效率。

法则 3　用评价指标驱动绩效

评价指标，是指企业用于考核、评估、比较社会经济活动质量及其效果的统计指标。例如，员工劳动效率、设备利用率等。

企业和团队可以利用评价指标来驱动绩效。

一些管理者虽然设定了很多评价指标，但在实际操作上并没有取得很好的效果。主要是因为他们在设计评价指标的时候，完全凭借自己的空想设计，或者直接把设计绩效指标的任务推给员工。

某服装店的店长在设计绩效考核的评价指标时，仅凭经验主义要求员工做到：微笑迎接顾客进门、让顾客至少试穿 3 套以上衣服、对已经购买了服装的顾客推荐 3 ~ 5 种相关产品……在这样的评价指标指导下，该店的所有导购员都表现得“过于热情”，导致很多顾客不得不“逃离”。即使有些人能坚持到最后成交环节，也会因为导购员一直推荐产品而决定“下次不再来”。

以上案例中的店长并非个例。这样设计出来的评价指标显然脱离了实际情况，不但难以起到“驱动绩效”的效果，而且还有可能会拖后腿。

要实现用绩效指标驱动业绩，需要做到以下几点：

➢确定企业的关键成功因素；

➢从关键成功因素中，确定适合企业的评价指标；

➢构建一个能够向所有层级报告评价信息的框架；

➢锁定成果指标、关键成果指标、绩效指标和关键绩效指标；

➢召开评价指标展览会，让员工明确指标评价的好处；

➢建立指标评价模板和检查表，完善后续工作。

在设定评价指标前，需要先确定企业关键成功因素，即明确哪些关键因素能够促进企业成功，并从中提炼出评价指标。例如，如果企业的关键成功因素是保留关键客户，那么评价指标就是关键客户调查活动的实施次数。再如，上述案例中提到的导购绩效评价指标，微笑、顾客试穿、推荐相关产品显然难以成为促成“成交”的关键成功因素。顾客会因为衣服符合某种需求而购买，却不会因为导购微笑或者多试穿几套衣服就决定购买。所以，这样的评价指标是难以驱动绩效的。

从关键成功因素中提炼出来的评价指标具有针对性，能够给员工明确的行为指导，让员工清楚地知道提高绩效的方法，进而达成个人目标和企业目标。

有管理者曾指出，管理层所扮演的角色之一就是要向员工传达公司对他们的期待。实际上，员工一般都会按照公司的评价指标展开工作，却不一定会按照管理层期待的标准展开工作。所以，要想确保员工能够完成绩效目标，必须综合考虑管理层期待的评价指标标准和员工能够达到的评价指标标准。在此基础上，建立合理的评价指标标准。

此外，根据评价指标的类型和重要程度，再进一步将其划分为成果指标、关键成功指标、绩效指标、关键绩效指标等，然后就可以建立系统的绩效指标框架，有效推进绩效管理工作的实施。

最重要的是，明确而有效的评价指标，有助于员工对自己工作进度的掌控，有助于规范员工的行为，推动员工的工作进展。管理者也能通过评价指标全面掌握团队的绩效实施情况，避免出现偏离绩效目标的行为。

极简管理箴言

能够驱动绩效的评价指标，

源于关键成功因素。

法则4 绩效管理的核心是改进

在实施绩效管理的过程中，管理者会遇到各种各样的问题。有的管理者为了追求绩效目标的达成，直接忽略问题。而有的管理者会把出现问题的责任归咎于员工，严厉责骂，甚至惩罚员工。无论是哪种方式，都会导致问题越来越多，最终影响企业的绩效。

真正意义上的绩效管理，不是帮助企业解决所有绩效问题，而是在实施管理的过程中不断发现问题、解决问题，进而帮助员工和企业提升绩效。所以，绩效管理的核心是改进。

绩效改进，是指管理者需要通过绩效考核结果，确认组织或员工的不足之处，并找到真正原因，然后有针对性地制定改进计划和策略，不断提高员工竞争意识的过程。简单来说，就是采取行动提高员工的能力和绩效。

原来在团队中一直都是业绩第一的小王，这个月的业绩突然大幅度下滑。经过面谈，管理者了解到小王这个月业绩下滑的原因有两个：一方面，自己这个月身体不太好，所以投入工作中的时间和精力都大不如前；另一方面，公司这个月出了新产品，因为培训不到位，他对这款新产品还不太了解。于是，管理者很快帮助小王制定了绩效改进的计划：调整作息计划、补充营养、加强锻炼，提高身体素质；重新调整新产品培训方式，帮助小王快速掌握新产品的相关知识。反之，如果管理者在小王业绩下滑的情况下，只是按照制度进行严厉惩罚，却并未考虑帮助其改进绩效的问题，那么，小王很有可能因此心生怨言而一蹶不振。

在绩效管理中，要做好绩效改进，需要注意以下几点：

➢对绩效考核结果进行分析；

➢分析工作绩效与所期待的差距，并查明原因；

➢与员工进行绩效面谈；

➢共同制定绩效改进策略。

很多企业的绩效管理都是停留在绩效考评这一步。管理者会根据绩效考评的结果，对绩效好的员工进行奖励，对绩效不好的员工进行惩罚，然后自觉“完美”地结束整个绩效管理过程。然而，这样的“完美”其实并不完美。

绩效考评结束并不意味着绩效管理工作结束。

如果被奖励的员工不知道自己得到奖励的原因，也不知道该如何做才能持续得到这种奖励，而被惩罚的员工不知道自己犯错的具体原因，也不知道改进的方法，那么就会给后续的绩效管理工作带来很大的麻烦，甚至会导致整个绩效管理工作失败。

当绩效管理发展到一定阶段时，很可能会出现员工能力停滞不前，企业绩效无法突破瓶颈的局面。此时，管理者应该冷静面对出现的这些问题，并进行深入分析和探讨，找到员工能力停滞的原因。同时，对组织的机构和制度进行诊断。根据诊断结果，有针对性地改进绩效管理方式和具体策略，完善绩效管理系统，从而提高员工的能力和绩效，为企业的发展提供更好的保障。

极简管理箴言

绩效考核结束不是绩效管理的终点，

而是新的起点——绩效改进。

法则 5　精确定位实质问题

有些管理者在实施绩效管理时，过于看重绩效考核的排名和分数。长此以往，他们会发现绩效好的员工依旧比较好，而绩效差的员工依旧得不到多少提升。无论绩效管理实施多久，给员工的激励有多大，排名似乎都不会出现太大的变动。

导致这种现象产生的原因是：在绩效管理中，管理者只关注了员工的绩效和排名，却没有精确定位绩效背后的实质问题。

大多数管理者认为，绩效实施过程中出现问题是很正常的，并且会把问题出现的原因归咎于员工自身因素。例如，某位员工在工作中一直表现得非常好，突然在一个绩效考核周期结束后，绩效结果很差。这时，管理者会认为员工可能产生了职业倦怠情绪。他们会通过语言或行为来训斥员工，希望员工能够再次努力，获得更高的绩效。

造成员工绩效不佳的原因，真的只是个人主观因素吗？并非如此！影响员工绩效的因素有很多，个人主观因素只是其中一部分，还有很大一部分是组织结构不完善、管理制度不健全等造成的。

如果管理者无法找到实质问题，就不可能真正解决问题，进而导致问题一直积压，员工的情绪也会越来越糟糕，最终导致绩效成绩一直下滑。为了改变这种情况，管理者必须透过排名和分数精确定位实质问题。例如，绩效好的员工有哪些优势，这些优势如何才能发挥出最大的效用？绩效差的员工存在哪些问题，需要如何改进这些问题，怎么做才能提升他们的能力和绩效？只有找到这些问题的答案，才是绩效考核的价值所在。

有些问题其实是在可控范围内的，只要及时解决这些问题，就能够“扭转乾坤”。所以，在绩效考核结束后，管理者不应该纠结“由谁来为这个问题负责”，或者说“谁应该来接受处罚”，而是应该快速锁定实质问题，并着手解决。

一般情况下，精确定位实质问题可以采取以下三种方法：

- 从绩效考核结果反思员工的行为表现；
- 找出员工的短板；
- 借助诊断工具，如“绩效诊断箱”。

员工绩效问题最终都会呈现在绩效考核的结果中。因此，要想精准定位实质问题，就必须从绩效考核结果反思员工的行为表现，进而从中找出问题的短板。首先，管理者可以分析绩效考核结果，发现员工存在的问题，找出员工的短板。例如，某员工上个月绩效成绩在前三名，但这个月忽然大幅度下滑。管理者应这样反思：长期出色的业绩表明该员工工作能力是值得肯定的。从该员工这个月的工作行为表现来看，似乎情绪不太稳定，是不是工作或者生活上遇到了什么难题?

从考核结果分析并反思员工的行为，可以锁定员工存在的问题，但是要真正从绩效考核结果中找出员工的短板，仅仅简单地分析和反思是不够的，还要借助绩效结果诊断工具，如“绩效诊断箱”。

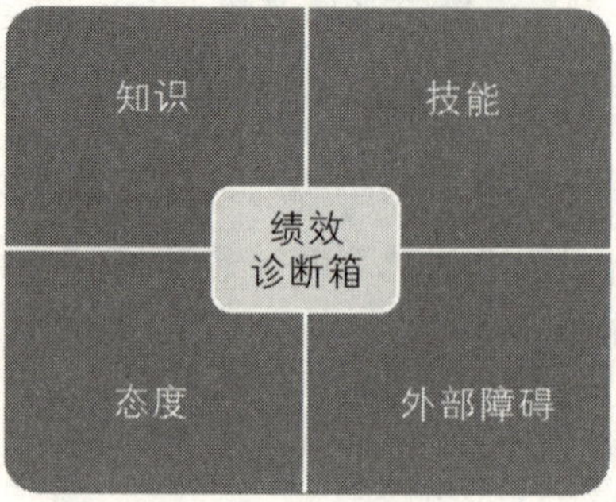

图 1－1　绩效诊断箱

当我们发现员工绩效不佳时，可以利用“绩效诊断箱”从以下几个方面进行诊断，精准锁定问题。参见图 1－1。

➢知识：员工是否有这方面的工作知识和经验？

➢技能：员工是否有应用知识和经验的相关技能？

➢态度：员工的工作态度是否端正？员工对工作是否有信心？

➢外部障碍：是否存在不可控制的外部障碍？

一般来说，员工绩效不佳的原因都可以从以上这四个方面考虑。管理者可以将绩效考核结果呈现出的问题，按照这四个方面进行分类，然后“对症下药”，帮助员工解决绩效不佳的问题。

切记，在弄清问题的过程中，不要去质问你的员工，更不能一味地惩罚他们，而是应跟员工友好沟通，建立信任关系。你要让他们知道，沟通的目的是找出原因、解决问题，而不是为这个问题找“责任人”。

极简管理箴言

透过绩效考核的数据和排名，

找到隐藏在背后的实质问题才是根本。

法则 6 考虑制定绩效目标的目的

生搬硬套其他优秀企业的绩效目标是许多企业制定绩效目标的“简便之诀”。但是他们很快发现，员工不但达不到目标，其工作态度反而会比之前更加消极。导致这一问题的原因很简单，就是管理者并没有明确地知道为什么要设定绩效目标，设定该目标对企业和员工的意义是什么。

目的不同，行为和结果自然不同。例如，很多人喜欢阅读。有的人阅读是为了消遣，有的人阅读是为了获取知识，有的人阅读是为了收集信息。阅读的目的不同，他们设定的目标就会不同。为了让大家能够清楚地认识到这一点，请看表 1－1：

表 1－1 不同阅读目的对目标的影响

阅读目的	阅读特征	阅读目标	目的对目标的影响
休闲消遣	快速浏览	一个月读 10 本	不同的阅读目的决定了不同的阅读行为特征。 快速浏览的阅读速度较快，在阅读的数量上会比重点阅读、精细阅读要多。精细阅读相对来说最消耗时间、精力，所以阅读目标不能设置过高。
收集信息	重点阅读	一个月读 7 本	
获取知识	精细阅读	一个月读 5 本	

从表 1－1 中我们可以看出，不同的阅读目的导致阅读行为特征不同，最终也导致阅读目标不同。如果你的阅读目的是消遣，将目标定为一个月阅读 5 本书，你会发现这个目标很容易完成，没有挑战性。而如果阅读目的是收集

信息，你将目标定为一个月阅读10本书，也许最终你顺利完成10本书的阅读量，但可能也会因为追求速度而忽略了质量，无法有效收集信息，即实现了目标，却未达成目的。所以，明确制定目标的目的，有助于我们有针对性地调整计划，使目标更加合理、完善。

同样，在企业的绩效管理中也是如此。在设定绩效目标前，就要锁定你的目的。通常情况下，企业的绩效目标大致有以下几种：

➢产品合格率；

➢工作任务完成率；

➢产品销售额；

➢客户开发数量；

➢客户满意度；

➢员工个人成长。

当然，除了以上列举的这些，还有其他的绩效目标。企业性质、发展状况、员工的能力不同，所设立的目标也会不同。只有根据企业发展现状和员工个人情况，明确绩效管理的目的，进而设立相应的绩效目标，才能起到提升绩效、推动企业发展的作用。

以产品合格率的绩效目标为例。某企业现在的产品合格率为98%，希望通过绩效管理提高产品合格率，那么将产品合格率设定为多少比较合适呢？这就需要深度分析绩效管理的目的。

如果绩效管理的目的是做好生产部的品质管理，达到相关部门的要求，那么产品合格率就要严格按照相关部门设定的标准来定。“标准”是99%，目标就是99%；“标准”是100%，目标就是100%。

如果绩效管理的目的是通过提高产品合格率辅助销售部提高客户对产品的满意度，那么产品合格率就要根据客户的期望进行设定。当然，要找到客户的期望值，还需要其他部门的协力配合。

一旦锁定了目的，目标自然就更清晰、具体、可操作，也就更易于达成目标。

极简管理箴言

你为什么要实现这个目标，

比目标本身更重要。

法则 7 和员工、客户一起合作完成

很多管理者误以为绩效管理是管理层的事情，因此设计出来的绩效方案往往不能很好地为员工、客户所理解。很多员工反映不知道公司的考核是怎么进行的、绩效指标是如何得出的，或者与客户不能实现及时沟通，导致了各种工作障碍，降低了合作效率，失去了许多合作机会。

有效的绩效管理需要管理者和员工、客户一起合作完成。绩效管理的最终目的是实现企业战略目标，为企业创造更高的利益。而企业要创造利益，就需要同时满足客户和员工的需求。其中，满足客户的需求是因为客户能够为企业带来利益，满足员工的需求是因为员工能够为企业创造利益。因此，绩效管理要和员工、客户一起合作完成。

如果你想提高客户的满意度，以提升整个团队的绩效，那么就要积极地征求客户的建议。例如，“您觉得我们需要怎么做，才能更好地为您服务?”“与我们合作这么长时间，您对我们的产品（或服务）有什么建议?”等。在与客户沟通时，管理者要多使用开放性的问题，耐心、周到，要积极与客户建立共识，形成良好的互动关系，这样才便于了解更多的“真相”。

此外，管理者还要积极听取员工的想法。采取开放包容的心态，让员工有机会畅所欲言。例如，询问员工“你有什么不一样的想法吗?”“你需要什么样的支持?”“你有什么好的建议?”等。当员工表达自己的想法时，管理者要认真聆听，并通过“点头”“微笑”等姿态动作，来表达自己的认可和鼓励。

无论是跟员工还是跟客户一起合作完成绩效管理，都要注意以下几点：

- 尊重对方；
- 让对方充分表达自己的想法；
- 积极聆听；
- 做好记录和反馈；
- 筛选对绩效管理有建设性的核心价值信息。

要做到和员工、客户一起合作完成绩效管理，并没有想象中那么简单，但也不是无法实现，关键在于管理者能够认真对待这件事，并积极投入行动去完成这件事。

除了建立沟通渠道、放低姿态积极沟通之外，还要采取一定措施激发员工、客户对绩效管理的热情。让他们充分理解，企业的绩效管理和他们的利益息息相关。否则，一切都是空谈。

需要强调的是，对绩效管理起积极作用的，不仅是正面的建议，负面的评论对改善绩效管理同样有着重要的促进作用。因此，在征求意见时，如果员工、客户提供的是负面反馈，管理者也要予以足够的耐心和宽容。在收到积极有用的建议或意见之后，一定要及时改进、实施，不能流于形式。

极简管理箴言

只有得到员工、客户的认同，

绩效管理工作才能顺利实施。

法则 8 避开 SMART 目标陷阱

一般来说，企业设定目标都会围绕 SMART 原则来进行。目标是具体的（Specific）、可衡量的（Measurable）、可以达到的（Attainable），并与其他目标具有一定的相关性（Relevant）、具有明确的截止期限（Time - bound）。一些管理者在实行绩效管理时，认为绩效目标按照 SMART 原则设计，就万事大吉了。但事实上，如果不注意避开其中的陷阱，反而会让绩效管理变得复杂。

首先，目标是具体的，能够让员工在工作时心中有方向，知道自己工作的最终成果和目的地在哪里，进而一心一意，心无旁骛地去实现目标。但需要注意的是，目标设置要掌握尺度，太过具体的目标会使员工过度关注自己的目标而忽视整体性，进而影响整体的效益。如果管理者追究其责任，员工可能会言之凿凿地说："我的目标不包括这部分的工作。""这不在我的工作范畴之内。"

其次，目标是可衡量的，即目标是明确的，而不是模糊的。例如，员工现在的工作进度离目标还差多少等。但在绩效管理中，可衡量性的陷阱在于管理者往往以结果作为最终的衡量标准，而完成目标的过程，却容易被忽视。最终导致的情况有两种：一是员工完成了工作进度，但是质量却没有达标；二是员工可能更倾向于选择那些更容易完成的工作，但这部分工作并不是团队的"重点项目"。看似员工个人绩效上来了，但是团队整体的绩效却完全没有达标。

再次，可以达到的目标，可以增强员工实现绩效的信心，但同时也容易让人陷入忽视"有效价值"的陷阱。

例如，某公司将绩效分为 A、B、C 三个等级。A 等级：业绩目标 100 万元，绩效奖金可以拿到 15%。B 等级：业绩目标 80 万元，绩效奖金可以拿到 10%。C 等级：业绩目标 50 万元，绩效奖金可以拿到 5%。一旦完成不了相应的等级目标，就没有奖金。如果按照可达成原则，原本可以完成 100 万元业绩的销售员，为了保险起见，可能就会将目标定在 80 万元，哪怕只能拿到 10% 的绩效奖金。

由此可见，可达成原则在增强员工实现目标信心的同时，也会在无形中“鼓励”员工选择轻松的工作，从而导致团队绩效难以最大化。

然后，相关性原则虽然有利于建立有效的绩效目标系统，但如果缺少清晰的结构，就会让绩效管理陷入更加忙乱的陷阱。整个目标系统是大目标套着小目标，上级目标套着中级目标，中级目标又套着下级目标。这就使得员工必须要重新整合，将这些目标“安塞”进自己的目标之中，从而使个人绩效和组织绩效建立联系。这种刻意建立的“相关性”不但无法推动绩效的实现，反而会导致某些关键指标被忽略。

最后，时限性原则可以帮助员工合理地分配自己的工作，了解每天的工作内容及整体的工作计划。但是，截止日期弄不好就成了“死亡日期”。当员工在工作的过程中，遇到了较大的障碍耽误了工作进度，而管理者又没有将这些纳入考虑之中，只是紧紧盯着员工计划中的“截止日期”，就会很容易失去员工的心。

尽管如此，但 SMRAT 原则仍然是设定绩效目标的重要工具。为了避免后期陷入不必要的陷阱，在运用 SMART 原则时，要注意以下几点事项：

➢变具体目标为具体行为；

➢除了关注可衡量的结果，还要关注过程；

➢有时候关键绩效指标是不可衡量的；

➢鼓励员工设定挑战性目标；

➢建立结构清晰的绩效目标系统；

➢持续评估、调整与追踪目标完成的具体进展。

设定适合的、正确的绩效目标，是让绩效管理变得简单的有效途径。

极简管理箴言

SMART 原则不是万能公式，

如果你全然相信它，

那么很可能就落入它的陷阱之中了。

法则 9　人人都要为绩效管理担责

一些员工认为，绩效管理是管理者的事情，与自己无关。

一些管理者认为，绩效管理是自己的事情，与员工无关。

管理者和员工这些错误的认知，都将影响绩效管理的实施，甚至会导致企业的绩效管理走向失败。

如果员工认为绩效管理与自己无关，就不会积极参与绩效管理，更不会对绩效管理提出切实有效的建议，那么，对员工而言，绩效管理也就只是管理者约束他们的一种管理方式。

如果管理者认为绩效管理是管理阶层的事情，与员工无关，那么，他们在制定绩效管理制度时，就不会考虑员工对绩效管理的看法和意见。这种脱离实际甚至凌驾于员工之上的绩效管理，就无法获得员工的认同。在实施过程中，也会因为妨碍员工利益而遭到抵制。

同时，管理者、员工对自己在绩效管理中的定位模糊，会直接导致在绩效管理实施过程中发生职责不明、相互推诿工作的现象。各个部门之间也会因为职责不清、分工不明确，而出现管理混乱，最终导致整个团队绩效低下。

举个例子：在绩效管理实施过程中，当人力资源部门要求销售部门展开绩效考核时，销售部门的主管可能会抱怨："绩效考核应该是你们人力资源部门的事情，与我们销售部门无关，不要把你们的工作职责推给我们！更何况我们每天工作都已经很辛苦，根本没有时间去做绩效考核！"

实际上真的如销售部门主管所说的那样吗？并非如此。

在绩效管理中，人力资源部门应该承担绩效管理制度的制定和推进责任，但是其他部门也是绩效管理的实施主体，也应该承担绩效管理的落实责任。

同样，在绩效管理过程中，管理者承担着监管责任，而员工则承担着落实和改进的责任。

所以，绩效管理并不只是人力资源部和管理者的事情，而是人人都需要为其担责的。

为了明确每个人的职责，首先要明确各层级在绩效管理中的角色。例如，销售部门的管理者需要负责整个销售团队的绩效，销售部门的员工需要明确自己的绩效提高和改进职责，既要将产品销售出去，又要确保客户能够满意自己的服务。此外，销售部门还应该配合客服部门处理客户投诉的问题。同时，客服部门也应该主动与销售团队建立紧密的联系和沟通，及时反馈所遇到的问题，对销售团队的工作提出切实可行的意见，帮助双方共同提高工作效率，提高合作的满意度。

如果在绩效管理中，组织各层级都能够明确各自的角色，知道自己应该做什么、怎么做，那么在工作中出现问题时，就不会出现互相推诿的情况，大家会勇于担起责任，并且积极配合其他员工或部门解决问题、完成任务。绩效管理过程中，需要重点明确以下几个角色：

- 总经理——全程参与绩效管理，带头宣传绩效管理相关理念和知识；
- 人力资源经理——制订绩效管理方案，对员工进行培训和沟通；
- 团队经理——绩效管理的执行者；
- 员工——绩效管理的参与者和执行者。

绩效管理作为一个系统化的工作，牵涉的面比较广。上到企业的总经理，下到企业的员工，都要参与其中，承担相应的责任。要让各个层级的人在绩效管理中发挥最大作用，担当好绩效管理的责任，就要让他们明确知道自己是谁。要解决“自己是谁”这个问题，就需要对绩效管理各层级进行精准的角色定位，明确他们在工作中的具体职责，真正让每个人都各司其职，各尽其责。

极简管理箴言

在绩效管理中，知道自己是谁，

是比个人能力更重要的事情。

法则 10 一定要注重绩效沟通

有些管理者只是将绩效管理视为发放奖金的一种手段。他们会将绩效管理局限在三个步骤内：

一是制定量化的考核指标；

二是给员工打分；

三是按照分数给员工发放奖金。

这种“量化—考核—奖惩”的绩效考核模式，忽视了运营计划与实际业务开展的动态跟踪，让企业的绩效管理沦为一种打卡填表的形式主义，无法真正提高企业的绩效。

要想真正提高绩效，就一定要在这三步之外注重绩效沟通。

绩效沟通是绩效管理的一个重要组成部分，是指考核者与被考核者就绩效考评反映出的问题以及考核机制本身存在的问题展开实质性的沟通。某种程度上，绩效沟通决定了绩效管理的成败。

但是在实际的绩效管理工作中，管理者最容易忽视的就是绩效沟通。

有的管理者认为，管理工作本身就很忙，没有时间跟员工沟通。当然，也有一些管理者进行了绩效沟通，但是效果不佳。这主要是因为在绩效沟通中，管理者缺乏沟通技巧，只会泛泛而谈，缺少明确的、可沟通的目标。甚至有些管理者会错把绩效沟通当成一次单向的训话活动，一味地责备和惩罚员工。最终导致要么没有沟通，要么沟通无效。

要改变这种情况，管理者首先要认识到绩效沟通在绩效管理中的重要性。其实，无论是在生活中还是在工作中，我们都需要沟通。没有沟通，我们就无法表达自己的意愿，也无法接受他人传递的信息，世界就成了一个封闭式的房子，让你无法继续生存。同样，在企业的绩效管理工作中，没有绩效沟通，管理者就无法传递自己的意愿和建议，员工也无法表达自己的需求，绩效管理中的问题必然难以得到有效解决，最终导致绩效管理难以达到预期效果。

具体来说，绩效沟通在绩效管理工作中的作用是：

➢有利于设定共同认可的绩效目标：管理者与员工都认可的绩效目标一定是经过有效沟通之后才能制定出来的。

➢有利于制订绩效计划：员工参与越多，绩效计划越容易达成。

➢有利于绩效的实施与辅导：通过监督和辅导，可以及时发现问题，解决问题。

➢有利于绩效考核结果的应用：通过沟通，可以回顾绩效被考核者的工作情况，以确保考评全面、客观、公正。

➢有利于绩效反馈工作：可以通过绩效面谈，指出员工有待改进的地方，然后跟员工一起制订绩效改进计划，促进绩效提升。

绩效管理实际上就是一个持续沟通的过程。

通过绩效沟通，我们能明确地知道绩效管理的目的，并及时发现绩效实施过程中遇到的问题，进而为员工设计有针对性的改进方案，帮助员工解决问题以提升绩效。

某销售团队主管参考往年的销售情况，将10月的绩效目标定为50万元。而该团队业务员则认为，往年之所以能够完成50万元的业绩，是因为团队人数为5~7人。而今年该团队只有3人，想要完成50万元的业绩显然不太现实。但是，该销售主管并没有和业务员进行沟通就将目标报给了销售总监。结果导致业务员在执行的时候，压力非常大，甚至有个别员工出现了破罐子破摔的情况。销售主管发现整个团队的工作积极性不高，对此非常生气，把业务员挨个训斥了一顿。结果，第二天该销售主管的办公桌上就出现了三份“辞职报告”。

案例中的销售团队就是因为设定绩效目标时缺少绩效沟通，最终导致问题频出，不但绩效目标没有达成，还出现了员工离职的极端情况。如果该销售主管能够从一开始就把“绩效沟通”放在重要的位置，无论是设定目标时，还是出现问题时，都能和员工进行有效沟通，必然会是另一番景象。

绩效沟通贯穿整个绩效管理活动。即使只是中间的某个环节沟通失效，也有可能导致整个绩效管理走向失败。因此，在绩效管理的过程中，一定要注重绩效沟通。

极简管理箴言

绩效管理是一个不断循环的管理过程，

而循环依靠的是沟通。

法则 11 组织要足够敏感

有效的绩效管理系统，需要组织具备足够的敏感度。

敏感，是指反应快速，对某一件事或者某种东西非常敏锐，能够很快判断或反应过来。例如，当别人提到我们不开心的事情时，我们会马上表现出厌恶情绪，然后立即想办法阻止对方继续说下去。这就是个人的敏感度。在企业的绩效管理中，要想及时发现外界干扰绩效管理的因素，就需要团队组织足够敏感。

足够敏感能够帮助企业在内部或外部市场环境出现动荡时，及时发现已经对企业产生影响的因素，或觉察到将会产生影响的因素，并采取有效措施，预防不利因素，筛选、放大有利因素。

但是，现在很少有管理者能认识到组织敏感度对绩效管理的重要性。他们乐观地认为，既然已经制定了绩效管理制度，就可以高枕无忧了。他们用一套固定的绩效管理制度去应对不断变化的企业内部和外部环境。在他们看来，员工只要按照绩效计划认真执行，就不会出现任何问题。如果出现了问题，就是员工自己的事情，员工应该为这个问题负责，并接受相应的惩罚。

绩效管理是一个漫长的循环过程。在这个过程中，有诸多不确定的因素，如环境、员工个人因素、工作内容的变化等。这些不确定因素所产生的问题，需要组织有条不紊地去解决。

例如，销售部准备向市场推出一款新产品，但市场上已经出现了类似的竞争产品。如果这时直接将新产品投入市场，肯定达不到预期销量。那么，销售部原来以“新产品销量”为核心的绩效制度就要往“占领××%的市场份额”“广告覆盖率达到××%”等方面倾斜，以提高新产品的竞争力。如果组织不具备这种敏感度，继续执行原来的绩效制度，不但会给员工造成极大的压力，还会使过多的人力、财力投入“提高销量”上，踏上一条较艰难的市场竞争之路。

一般来说，要培养组织的敏感度，需要注意以下几点：

➢时刻关注绩效管理过程中的信息；
➢收集组织内部所有成员的反馈信息；
➢收集市场竞品最新信息；
➢收集客户反馈信息；
➢从信息中识别问题。

在绩效管理过程中，每个环节都会产生大量的信息，而这些信息中能反映诸多的问题。例如，某员工认为自己绩效差的原因是绩效计划超出了他的能力范围，而且工资太少，导致他对工作失去了积极性。作为管理者，就需要从这位员工的反馈信息中识别问题的真实性，如找更多的相关人员沟通，了解该员工反映的这些问题是否普遍存在。如果该员工反映的问题普遍存在，那么管理者应该立即行动，对绩效计划进行相应的调整，并改善奖励机制，以激发员工的积极性和潜能。

在实际绩效管理工作中，只要组织有足够的敏感度，很多问题都可以得到及时解决。反之，很多被忽略的小问题最终会酿成“大祸”。所以，要做好绩效管理，绝不能认为绩效管理制度制定后就可以放手不管，还应该培养和提高组织的敏感度，让组织在面对任何问题的时候，都能够得心应手。

极简管理箴言

如果能在“敌人”来之前，

就已经敏锐地洞察到他们的动态，

那么，你就赢了一半。

法则12 教育员工：你可以从绩效管理中受益

很多员工认为，绩效管理只是管理者压迫员工的一种手段，自己无法从中受益。而没有利益的事情，大部分人不愿意去做。

举个例子：

母亲做饭的时候让你去买一瓶酱油，你很可能会拒绝。理由是：这么累的事情，我才不想去。即便答应了，也会在心里嘀咕：为什么母亲自己不去买？但是如果母亲多给了钱，并表示买酱油剩下的钱可以买雪糕，那么你心里肯定乐开了花，希望母亲可以经常让你去买酱油。

同样是买酱油，第一种方式我们会抗拒，第二种方式却会让我们迫不及待想去完成。产生这两种截然不同的态度和行为是因为：在第二种方式中，我们受益了。

同理，要让员工积极地参与绩效管理，就要教育员工：你可以从绩效管理中获益。

员工选择工作，最基本的需求就是生存需求，也就是和金钱、物质利益直接挂钩。没有人愿意为看不见利益的事行动。所以，为了绩效管理的有效实施，管理者要明确告诉员工：你可以从绩效管理中得到好处！并向员工讲清楚，他们通过什么样的方式能够得到利益，他们努力的程度将会和什么样的利益挂钩。

但是，很多管理者在宣传绩效管理时，只着重强调绩效管理的目标以及如果没有实现目标员工会受到怎样的惩罚。在绩效反馈环节，会对绩效差的员工进行严厉的批评和处罚，对完成既定目标的员工则会进行奖励并大肆宣扬。除此之外，似乎绩效管理和员工之间就没有其他关系了。

所以，员工在面对绩效管理时，更多的是思考如何才能避免被惩罚或者安全地完成既定目标得到相应的奖励。为了避免被惩罚，他们在工作中变得小心翼翼，不敢踏错一步。为了安全地完成既定目标，他们会以“求稳”为主，变得保守，不敢创新。

员工出现这种消极的行为，不能说他们的态度有问题，只能说管理者向员工传递的绩效理念，让员工认为自己是绩效管理中的被制约者。当他们以“受害者”自居时，他们的所有行为都是抵抗绩效管理的，最大化消除绩效管理可能给他们带来的不利影响。

为了尽可能提高员工和企业的绩效，管理者要向员工正确地传递绩效管理的理念：绩效管理的目的不是制约他们，而是让他们通过自己的努力以及合理的途径，从绩效管理中获益。

一般来说，员工可以从绩效管理中获得以下收益：

➢自身利益得到保障；

➢提升工作的动力和积极性；

➢潜能被有效激发；

➢获得相应的报酬和奖金；

➢获得自我成长和价值实现的机会。

当员工清楚地知道，他们能够从绩效管理中获取哪些利益，这些利益将会以怎样的形式、在什么样的时间给予他们，他们的动力和积极性就能被有效地激发。让他们自觉自愿地参与绩效管理制度的制定和执行，进而推动企业绩效管理的顺利实施。

这其实跟“帮母亲买酱油”是一样的道理。当你知道买酱油剩余的钱将归自己所有时，你会希望母亲每天都让你去买酱油。在绩效管理中，当员工知道自己可以从中受益时，自然也会主动认真地参与绩效管理，尽心尽力为企业和团队付出自己最大的努力，并获得自己应该获得的、想要获得的利益。

极简管理箴言

人们只会为利益而行动！

法则 13 让员工成为自己的绩效管理专家

很多管理者认为，绩效管理就是为了监督员工完成企业制定的绩效任务。所以，他们在绩效管理中扮演的角色就是“监工”——以盯着员工的行为和进度为己任，并不断地强调“绩效”。如此一来，绩效管理就成了压在员工身上的一座“五指山”，不想背却又逃不掉。

员工一旦产生完成绩效任务只是为了企业利益的想法，并且长期处于完不成任务就要被处罚的高压状态下，就会渐渐对工作失去信心，甚至会对绩效管理深恶痛绝。因此，管理者不妨转变一下角色，从“监工”变为“领导者”，用心帮助员工成为自己的绩效管理专家。

如果员工能够正确看待自己在绩效管理中的角色，对自身的定位从“被动的执行者”转换为“主动的参与者”，就会产生较强的“主人翁”意识。这种“主人翁”意识，会督促员工自觉地进行自我管理，自发地努力工作，按时甚至提前完成工作任务，达成绩效目标。如此一来，员工就会真正成为自己的绩效管理专家。

某公司制定了严格、详细的前台考核制度。一直以来，前台都是按照考核制度去完成工作。比如，“礼节周到地做好来访客户的登记”，前台在执行的时候，就变成了一句话术：“您好！欢迎光临××公司，请问您找谁？麻烦您做一下登记。谢谢！”至于说这句话的时候，她是否微笑、声音是否甜美，就难以考核了。突然有一天，该公司改革了绩效考核制度，原来详细的“前台考核制度”变成了一句话：请你做好前台工作的注意事项。这个时候，前台工作人员开始思考：前台工作有哪些重要环节？我该怎么做才能做到最好？

……最后，参考这份“注意事项”制定的“前台考核制度”得到了前台人员的一致认同。甚至在执行过程中，不断得到前台的反馈意见，提出对一些不完善的细节应该作出怎样的调整和修改。

相信每一个管理者都希望在绩效管理过程中得到员工的认同和支持。然而现实却是，自己呕心沥血甚至站在员工角度反复考量才制定出来的绩效管理制度，在实施过程中举步维艰。这就和“世界上有一种冷叫妈妈认为我冷”是一样的道理。虽然妈妈是“为你好”，但只要不是“我觉得冷”，妈妈的意见就无法起到实际作用。同样，管理者制定的绩效管理制度再好、再为员工考虑，都不如让他自己参与其中。

一些管理者在绩效管理中遭遇到很多问题和困难，却始终不愿也不敢放手让员工进行自我绩效管理。他们不相信员工凭借自我绩效管理能够做得很好。所以，这些管理者仍然时刻监督员工执行绩效管理任务，团队的大事小事，每件都要管到位。正是因为他们什么都管，什么都要过问，才导致顾此失彼，绩效管理漏洞百出，无法将绩效管理顺利进行下去。

极简绩效法则强调，给予员工更多的空间和机会，发挥员工的自主性和积极性，进而实现绩效提升。这样不仅管理者自己能“偷懒”，员工的自我管理能力和工作效率也能够得到提高。

培养员工成为自己的绩效管理专家，要重点关注以下事项：

- 让员工参与绩效管理工作；
- 开展绩效管理相关知识的培训；
- 跟员工一起讨论问题的解决方案，而不是直接给出答案；
- 积极聆听员工的意见，并采纳合适的意见；
- 授予员工适当的权力；
- 对自我绩效管理优异的员工进行奖励。

极简绩效管理的最高境界就是无为而治。也就是说，在绩效管理中，要让员工主动为自己干，而不是被动为企业或者为管理者干。只有当员工都成为自己的绩效管理专家，企业的绩效管理才算步入正轨。

极简管理箴言

做好绩效管理，

靠的不是管理者外在的压力，

而是员工内在的动力。

法则14 尽量缩短绩效考核的周期

绩效考核周期，是指多长时间对员工进行一次绩效考核。一般情况下，考核周期分为月度考核、季度考核、半年考核和年度考核等。此外，还有周度考核和日度考核，但这更多地使用在兼职人员的考核中。

虽然考核周期要根据企业的规模、工作的性质、员工的特点进行设置，但随着社会发展节奏的不断加快，极简绩效管理法则认为应该尽量缩短绩效考核周期。

具体来说，缩短绩效考核周期具有以下优势：

- 确保绩效考核的准确性；
- 给员工紧迫感，帮助员工克服拖延症；
- 提高绩效管理的正面影响力；
- 帮助员工及时发现问题，改进绩效。

由于绩效考核需要耗费一定的时间、人力和物力，很多中小型企业，为了节省管理成本，不但没有设立专门的绩效考核部门，还将绩效考核周期定为半年或者一年。这些企业没有意识到，绩效管理中的很多因素是不确定的，而且变化速度比较快。如果半年或者一年才考核一次，企业可能会因为难以适应变化而积累大量的问题。同时，绩效考核的准确性也会因周期太长而大大降低，无法促进员工绩效的改进。这些因素都将严重影响绩效管理的效果。因此，应尽量缩短考核周期。

此外，缩短绩效考核周期，能够给员工一种时间上的紧迫感，帮助员工克服拖延症。

举个例子：

销售部的绩效是半年考核一次，员工在第一个月的时候，即使绩效没有达到预期目标，也不会感觉紧张，因为还有五个月的时间可以弥补。等到第二个月，他们会比第一个月稍微紧张一些，但是仍然觉得自己处于“安全期”，因为还有四个月的时间补救。等到第三个月、第四个月，工作压力会越来越大，他们虽然有些着急，但依然会觉得只要下个月努力就能完成目标。等到拖到最后一个月时，业绩压力、问题累积已经到达最高峰，这时，员工极易情绪崩溃、破罐子破摔。一旦出现这种情况，将会对企业整体的绩效产生很大的影响。

如果缩短绩效考核周期，从“半年”变成“季度”，甚至是“月”，从一开始就让员工觉得“时间紧张”，不得不“立即行动”，让他们心中时刻有一个时间概念，那么即使有员工出现“拖延”而没能达成绩效目标，也能在较短周期内发现问题，及时作出调整和改进，从而避免产生较大的负面影响。

绩效考核周期过长，会导致一些员工将考核这件事抛之脑后，并且时间间隔越长，绩效考核的正面影响力就越弱，受干扰的因素也就越多，会大大降低考核工作的有效性。

一般绩效考核周期以月度为宜。如果是扁平化的小团队，工作性质也较为灵活，那么绩效考核周期也可以以周为单位。当然，具体的考核周期还要根据企业的性质和考核指标的性质来确定。但是，管理者要明确知道绩效管理的核心是改进，即绩效考核周期设定的目的是及时发现问题，帮助员工改进绩效。

极简管理箴言

“夜长梦多”，

绩效考核周期越长问题就越多。

法则 15 为员工的需求提供有效的辅导

绩效辅导的目的是辅助员工解决绩效实施过程中的问题，确保绩效目标的实现。

但很多时候，管理者发现，即便提供了辅导，员工的绩效仍然难以明显提升。导致这一问题的根源，常常是没有针对员工的需求进行有效辅导。

举个例子：

员工因为自身能力欠缺导致绩效差，而管理者却错以为绩效差的原因是缺乏斗志和动力，积极性不高。在为员工进行绩效辅导时，管理者只是一味地“打鸡血”。显然，管理者的绩效辅导没有满足员工“提高工作能力”的需求，难以真正解决员工绩效低下的问题。

还有一些管理者通过集体培训的方式进行辅导，即按照企业的要求，为员工提供相关的培训课程。这种培训课程解决的往往是组织的需求。因为缺少针对性，员工虽然上了很多培训课，但绩效结果依旧不理想。要想解决这一问题，管理者就要建立自下而上的辅导思维，即在深入了解员工的需求的基础上，开展有针对性的辅导。

要深入了解员工的需求，要求管理者需时刻关注员工的工作及生活。员工的绩效表现不佳时要及时跟员工沟通，找到问题的根源，了解员工的需求。此外，还要多关注员工的生活。例如，发现员工心事重重，就要了解员工是不是生活上遇到了困难，是否需要提供帮助。

销售部的小李近来工作状态一直不好，月底的绩效考核排名垫底。为了帮助小李尽快提高绩效水平，领导安排他参加了一些销售技巧培训会。但是，几番培训下来，小李的绩效成绩并没有太大起色。后来经过了解才发现，小李是因为被家里逼婚而心情郁闷，所以工作状态一直不好。

很显然，案例中的小李需要的是情绪上的疏导。在不了解其需求的情况下，管理者擅自安排的工作技能培训根本没有起到辅导作用。真正有效的辅导应该是了解员工的需求后，给员工最需要的辅导。

在绩效执行过程中，员工需要的辅导一般有以下几个方面：

➢提高工作技能；

➢增强工作动力；

➢深度理解绩效管理相关信息；

➢缓解工作压力；

➢建立融洽的上下级关系和轻松的工作氛围；

➢提升学历背景。

具体到每个员工，因为能力、性格、教育背景的不同，对绩效辅导的需求也会不同。所以，最有效的绩效辅导莫过于“一对一”地解决问题。但这种辅导方式需要投入太多时间、精力，实施起来难度较大。所以，仅适合对个别问题比较严重、需求比较特别的员工进行辅导。而更大范围的辅导，还需要对员工的辅导需求进行分类。比如，有的员工销售沟通能力欠缺，有的员工对销售流程不熟，有的员工成交能力不太好……这些都属于“提升工作技能”范畴。然后再对存在同一类别需求的员工进行统一辅导。

有效辅导还有最重要的一步——对辅导过程和结果进行跟踪，以确保绩效辅导的有效性。辅导过程是否能满足员工需求？是否存在遗漏？辅导结果是否达成预期目标？员工在辅导过程中的表现和反馈如何？……这些都是需要进行跟踪的问题。

绩效辅导的有效性不仅体现在满足员工需求方面，还体现在细节到位、结果到位上。

极简管理箴言

盲目辅导等于浪费资源。

法则16 让“责任”渗透工作的每一个毛孔

绩效管理工作应该由谁来担责?

很多员工认为，既然绩效管理是管理者工作，那么它当然应该由管理者来担责。员工只是绩效管理的参与者，只需要完成自己的工作即可。甚至有不少管理者也认为，绩效管理是自己的事情，跟员工的关系不大，结果导致其工作压力越来越大，而员工的责任心却越来越小。

绩效管理是一个环环相扣的系统的过程，其中的每一个环节都必须做到位，落实到底。一旦某个环节没做好，就会产生多米诺骨牌效应，造成该环节后面所有工作都会出现偏差，从而导致整个绩效管理过程无效。

管理学中有个著名的木桶原理：用一堆长短不一的木板来做一个木桶，那么这个木桶的容积就取决于最短那块木板。而任何一块木板出现问题，都会影响甚至直接决定了这个木桶不能产生作用。同理，企业的绩效管理就相当于这个木桶，企业里的每位管理者和员工就相当于组成木桶的每块木板，任何一块木板出现问题都会导致绩效管理这个木桶无法发挥作用。

因此，要想让绩效管理这个木桶能够产生更大的容积，发挥更大的功效，作为组成木桶的每块木板都要积极发挥自己的作用。无论是管理者还是员工，都要自觉将“责任”渗透自己工作的每一个毛孔。

要达成这种效果，管理者和员工都要建立强烈的责任意识：

➢无论是管理者还是员工，都要明确自己的职责，并勇于担责；

➢服从组织安排，并严格履行职责；

➢积极、主动配合他人的工作；

➢全力以赴做好每一件小事；

➢有强烈的集体意识和集体荣誉感；

➢充分认识自己在团队工作中的重要性，把团队的目标当成自己的目标。

绩效管理是一个完整的体系，需要每一个环节、每一个岗位上的人，都能明确自己的职责，并勇于担起这份责任。

某市场营销部的管理者设定了每月80万元的销售目标。但是设定目标后的第一个月才达成了60万元，与预期目标相差甚远。面对这种情况，该管理者在会议上严肃训斥员工，认为他们没有全力以赴。而员工则抱怨管理者，认为他设定的目标根本就是“天方夜谭”，无法完成。

在上述案例中，出现实际目标与预期目标相差甚远的情况时，无论是管理者还是员工，首先想到的都是推卸责任。这样下去，问题永远得不到解决，距离目标只会越来越远。绩效目标没有达成，管理者应该首先从自己的职责范围进行反思，如目标设定是否合理、是否符合实际、执行过程中是否存在问题等。而员工要反思的是自己有没有全力以赴、是否可以做到更好、工作中的每个细节是否都已经做到位等。只有管理者和员工都把“责任”渗透自己工作的每一个毛孔，才能真正确保绩效管理的每个环节都万无一失，顺利达到预期的结果。

极简管理箴言

责任，不是背负的压力，

而是推动你不断向前的动力。

法则 17 将期望的工作行为模式化

美国著名作家迪恩·斯皮策，在其著作《改革绩效评价指标》中指出，管理层所扮演的重要角色之一就是要向员工传达公司对他们的期望。但是，如何才能正确地传达期望？

管理者一般会将对员工的期望简单地传达下去，对于“员工如何达成期望”却很少重视。但实际上，传达并不意味着能被真正地接收和执行。很多时候，管理者在表达自身期望时，员工可能只是听到管理者对他们有这样的要求和期待。然后呢？要么置之不理，要么因心有余而力不足，最终导致期望流于口头，而无法落实于实际行动。

那些只负责传达期望，只想看到结果，不关注过程的管理者，往往会这样说：“我希望你的业绩能做得更好”“我希望你能做到主管的位置”……如此一来，他们对员工的期望最后只能成为员工的压力和负担，无法转化成员工的自驱力。更可怕的是，这些管理者会把无法实现期望的罪责归咎于员工的不努力、懈怠，对员工产生不满，甚至对员工进行责备。这就导致管理者对员工一边“恨铁不成钢”，一边又无计可施。

例如，管理者期望员工提升能力，不断成长。但是，员工却不知道具体应该提升哪些能力？具体该如何提升？如果管理者在表达期望时这样说：“我觉得你可以多投入一点时间在前期的准备工作上，如梳理整个计划，加深理解。这样会有助于你后期执行能力的提升。”员工就会立刻清楚应该做什么，将要达成什么样的期望。

将期望的行为模式化，是指管理者在表达期望时给员工提供明确的指示，让员工知道，为了达成这个期望，他们需要具体采取什么行动。

当然，仅仅向员工提供具体行为方向，也不一定能确保员工会按照这种行为方向达成期望。比如，要求员工“梳理整个计划，加深理解”以达成“提升执行能力”的期望。该员工刚开始可能会这样去做，但是几次之后，他可能会觉得这样实在太浪费时间，对“提升执行能力”也没有什么效果，他就会放弃。如此一来，依然难以达成企业或管理者的期望。

美国心理学家斯金纳曾提出“强化理论”。该理论认为，通过采取对人们有利或不利的刺激可以强化其某种行为。比如，员工早上早到一次奖励10元，迟到一次罚10元。经过一段时间的严格执行，员工早到的行为会越来越多，而迟到的行为会越来越少。

如果把“强化理论”用在绩效管理中，我们可以针对期望的员工行为进行有利刺激，进而强化这种行为以实现模式化。比如，实行“梳理计划打卡”制度，员工每梳理一次计划可以得到10积分，累计得到200积分可以兑换奖金或奖品。

除了通过有利刺激进行正强化，同时还可以采取不利刺激进行负强化。比如，员工忘记梳理计划则扣掉20积分。但需要注意的是，通常正强化比负强化更有效，所以，在实施强化作用时，应以正强化为主，负强化为辅。此外，在运用“强化理论”将期望的工作行为模式化时，需要遵循以下原则：

- 强化对象不同，采用的措施就不同；
- 分阶段设立强化目标，切不可大步迈进；
- 在行为发生以后尽快采取强化措施；
- 不固定时间和频率的强化效果反而更好；
- 正强化比负强化更有效；
- 采取负强化一定要慎重。

无论如何，要将期望的工作行为模式化，首先必须明确期望的工作行为是什么，然后根据工作行为、员工内心需求，制定若干个强化措施。比如，某员工并不想获得金钱奖励，那么管理者用“丰厚的奖金”进行正强化时，显然难以达成预期效果。因此，在不能确定对该员工有效的强化措施是什么的时候，最好制订更为灵活的方案。比如，达成一项愿望或者多提供几项“奖励”让员工自主选择。

一旦经过强化，期待的工作行为都能成为员工的模式化行为，绩效目标的实现也就变得更加简单。

极简管理箴言

如果只是期望而没有做出相应的行为改变，期望就成了幻想。

法则 18 突显个人贡献的意义

企业实施绩效管理，推行绩效考核一般分为两个层面：一是组织及各个部门的绩效；二是员工个人的绩效。

一些企业在绩效考核时，比较看重组织的绩效，所以在考核结束后，会突显组织贡献对企业的意义。然而，组织是由员工组成的，它的贡献离不开所有员工的努力。要想激励员工实现绩效目标，除了需要突显组织的贡献，更要突显个人贡献的意义。

过于强调组织的贡献，忽视员工个人的贡献，会让员工在组织中难以找到存在感。还会导致员工出现惰性心理，变得过于依赖组织。

举个例子：

某员工所在的组织绩效成绩很好，经常被表扬。那么，他很可能会觉得反正自己所在的组织很强，同事都很厉害，即便自己不太努力，组织也照样能够得到荣誉。于是，他可能就会怀有侥幸心理，想办法偷懒，在组织里混日子。相反，如果某员工在一个绩效成绩比较差的组织，他可能会认为这个组织绩效本身就差，跟自己没关系：反正我个人再怎么努力，也无法提高整个组织的绩效，干脆大家一起混日子。

以上这两种情况在团队中是较为常见的。而导致这种情况出现的原因，是管理者过于强调团队贡献，忽略了个人贡献。一旦个人贡献被忽略，大多数员工就会出现“吃大锅饭”的心理。他们不仅懒散消极，还会将自己的成败都归咎于团队。为了改变这种情况，就要求管理者在强调团队贡献的同时，也要突出个人贡献。

例如，某销售小组在 9 月取得了业绩第一的成绩，其中销售员小李的贡献最大。那么，公司在奖励这个销售小组的同时，也要突出强调小李的成绩，对他进行公开表扬并给予一定的物质奖励。如此一来，不但能够满足小李的成就感，继续激发他的工作干劲，还能够有效激励其他团队成员向小李学习。

在绩效管理工作中，突显个人贡献可以参照以下方式进行：

➢绩效考核前，向员工说明个人贡献对组织发展的价值；

➢绩效考核中，将员工个人贡献跟组织贡献相结合；

➢考核结束后，评选出在组织中贡献比较突出的员工；

➢公开表扬，先肯定团队每一个员工的付出，再单独表扬贡献比较大的员工。

突显个人贡献的意义关键在于，要突显个人贡献对组织发展的价值。如果只是突显个人价值，很容易让其他员工产生误解，认为管理者偏袒某位员工，或者为了获得管理者对个人的赞美，员工在工作中不顾组织利益，各自为政。

例如，某位员工表现特别优秀，管理者为了突出个人贡献，说："某员工是团队里最优秀的员工，大家要向他学习。"这时候，其他员工内心未必就认可管理者的说法。但是，如果管理者说："在这次营销活动中，某员工创造了惊人的业绩，使团队的业绩比上季度翻了两倍。他的表现值得肯定，也希望大家能够共同努力再创佳绩。"这时，其他员工会因为该员工对团队的价值而认同管理者的说法，并希望自己也能为团队做出更大贡献，以获得大家的认可。

除了肯定贡献比较大的员工的价值，还要注意团队的每个人在绩效实现过程中都付出了努力，不能因为他们的贡献较小就不予以认可和重视。尤其是在公开表扬的时候，一定要先肯定每个人的付出。比如，可以这样说："这个月的绩效目标能够顺利实现，离不开在座的每一个人的努力！非常感谢你们在这个月工作中的拼搏奋斗！"这样的"套话"看似意义不大，但实际上落到每个人心中都会泛起不小的涟漪。这就像你帮助了别人，对方只是简单地说一句“谢谢”就会让你感到喜悦，因为你的行为被对方认可并且肯定。

所以，哪怕是“套话”，也一定要对每个人的付出表示肯定和感谢，而且一定要说得够真诚！

极简管理箴言

绩效目标的实现不是一个人的事，

它是每个人的事。

法则 19 突出个人成长的机会

美国著名心理学家马斯洛将人的需求分为五个层次，分别是生理需求、安全需求、社交需求、尊重需求和自我实现需求。其中生理需求和安全需求可以归纳成生存需求，社交需求和尊重需求是对归属的需求，最高层次的自我实现需求就是对成长的需求。绩效管理要想顺利实施，就要满足员工不同层次的需求。除了基本的薪资和奖金，还需要突出员工成长的机会。

在实施绩效管理时，管理者若过于看重“绩效”，工作重心就会偏移，把“完成绩效”当作评价员工的唯一标准，把达到绩效目标作为员工工作的唯一目的。在管理者这种管理偏向的作用下，员工每天工作时想的是如何完成绩效，完全忽视了自身的成长。

对于以 90 后、00 后为主力的新生代员工而言，他们选择一份工作，看重的是能从工作中积累经验，找到提升自己的机会，而不再只是薪资的多少。所以，对于他们的绩效管理也要转变方向，把“员工个人成长”同样设定为关键因素。在绩效管理过程中，更要突出个人成长机会。具体我们可以从以下几个方面考虑：

➢将绩效考评的结果反馈给员工，就绩效考核中员工出现的问题，与员工进行一对一沟通；

➢帮助员工设定绩效目标，为员工指出明确的方向；

➢适当授权，让员工得到锻炼和成长；

➢根据员工的个性和优势，安排具体工作；

➢帮助员工制订绩效改进计划，为员工指明能力提升的具体方法；

➢将绩效考核的结果运用到人力资源管理工作中，如晋升、年终奖金、推优等。

突出员工成长的机会，关键在于管理者要与员工进行沟通，并将考评结果运用到人力资源部的工作之中。比如：一年内有三个月绩效考核没有达标的员工，取消其评选年度优秀员工的资格；在年度绩效考核中达到优秀的员工，第二年职位等级直接晋升一级，工资也相应涨一级；等等。这种直接作用于职位等级、薪资水平等和员工利益直接相关的奖惩措施，可以有效激励员工主动追求自我成长。

成长的机会来源于不断发现问题、解决问题、完善自我的过程。所以，管理者在跟员工沟通的时候，除了要帮助员工改进绩效，还需要让员工认识到绩效考核的重要性，了解绩效考核评价的是这一段时间以来员工的能力和成长速度。员工可以对照这些问题，找出自身的问题，然后利用绩效考核主动获取个人的成长机会。

极简管理箴言

突出个人成长机会，

是最有效的绩效激励。

法则 20 关注结果也关注过程

绩效管理应该关注过程还是结果?

绝大多数管理者认为，绩效管理应该重视结果，不管员工怎么做，达到我想要的结果即可。但很多员工认为绩效管理应该更注重过程，关注他们的付出，而不仅仅是用结果来衡量一切。其实，不管是只关注结果还是只关注过程，都有失公平。

真正意义上的绩效考核，既要关注结果，也要关注过程。

以结果为导向的绩效管理，评估内容主要集中在工作的实际产出，即强调员工每天能够完成多少工作量，能够达成什么样的目标，对实现企业的战略目标有哪些帮助等。营造的是一种制度化、理性化、任务导向的工作氛围。在这种氛围中，管理者和员工都会以期待达成的结果来要求自己，让自己能够为实现目标而努力。

一些管理者认为，不管员工遇到什么样的困难，为了完成绩效任务付出什么样的努力，只要最后没有达成绩效目标，这个员工就是失败的，不合格的。其实，用这种理念对员工进行绩效管理，会极大地挫伤员工的积极性。这不但忽视了员工的努力和付出，也忽视了对员工的培养，还会导致企业和员工都只注重短期利益。长此以往，员工就会形成“利益至上，结果为重”的思维习惯。

过程导向强调的是重在参与的理念。在以过程为导向的绩效管理中，考核评估的内容主要集中在员工工作过程中的行为、态度、努力程度等方面。它营造的是一种比较感性、和谐的工作氛围。在这种氛围下，员工会将工作过程中每一个环节都尽力做到更好，也会更加重视自己的成长和所做工作背后的意义和价值。

但是，如果只关注过程而不在意结果，仍然会产生问题：

首先，忽视奖惩对员工的激励作用。管理者只在乎员工在绩效管理过程中是否付出了努力，是否有进步，不重视最后的绩效结果，对完成绩效任务的员工不做奖励，对未完成绩效任务的员工不做处罚。在这种绩效管理理念的作用下，员工会产生完成绩效结果并不重要的想法。那么，他们就不会为了获得奖励或者免予惩罚而努力完成绩效目标。最后，不但员工无法从工作中获得收益，保证自己的稳定生活，而且整个企业的利益也将无法得到保证。

其次，忽视努力过程的实效性。

举个例子：

某销售团队在绩效管理中十分重视员工的绩效过程。管理者要求每名销售员每周对陌生客户的拜访不得少于 3 次，并且要详细记录整个拜访过程。有的销售人员为了完成任务，每周会安排 3 次对陌生客户的拜访，每次拜访客户的时间都不低于 3 个小时。结果有的销售员为了强调拜访过程而陪客户聊 3 个小时家常，还有的销售员变成了无意购买却想占便宜的客户的免费家政。这些行为最终带来的结果并不是业绩的倍增，反而是业绩的下滑，导致销售员的所有辛苦和努力都成了浪费。

所以，在绩效管理工作中，过于关注结果或者过于关注过程都是行不通的。真正意义上的绩效管理，应该是关注结果的同时也关注过程，既要关注员工工作的价值和意义，也要明确员工的工作目标。

如何做到既关注过程也关注结果？

➢强调过程对结果的影响力。

➢通过结果指标对过程指标进行检验。

➢关注结果不能只是关注财务指标，还要关注通过过程所带来的成果。

➢明确绩效管理需要不断改进，才能达成预期成果。

➢使用平衡计分卡作为考核工具。平衡记分卡有四个维度，分别是财务指标、客户指标、内部运营指标、学习与成长指标。而其中的“财务指标”就是典型的结果指标，其他三个就是过程指标。

➢高层管理者重点考核结果指标，中低管理层要将结果指标和过程指标相结合。

注重过程是为了确保能达到预期的绩效结果，绩效结果和过程两者是相辅相成的。企业要想让绩效管理发挥出最大的效果，就要根据实际情况，将两者有机结合。

极简管理箴言

有效的绩效管理，

既要做好过程，也要达成结果。

PART 2

绩效设计极简法则

极简绩效设计，就是化繁为简，省去烦琐的、没有意义的操作步骤，将各个模块设计得更为专业，逻辑更清楚，系统性更强。

温馨提示：扫描本书扉页或内文最后一页二维码，获取极简绩效管理实用表格、在线测试题等超值配套服务

法则 21 相信员工在做正确的事

美国著名管理学大师彼得·德鲁克在《卓有成效的管理者》这本书中提出：效率是以正确的方式做事，而效能则是做正确的事情。效率和效能都是绩效管理中所追求的，但相对来说，效能更能帮助企业实现绩效目标。

大多数管理者在实施绩效管理的过程中往往更关注前者，即在乎效率，希望员工能以正确的方式做事。彼得·德鲁克却认为：对企业而言，不可缺少的是效能，而非效率。效能，是指有效的、集体的效应，即人们在有目的、有组织的活动中所表现出来的效率和效果，它反映了所开展活动目标选择的正确性及实现程度。简言之，效能就是做正确的事情，获得更高的效率和更好的效果。

团队要想提高工作效能，实现高绩效，管理者就要相信员工在做正确的事情。一方面，相信是一种动力，能够给员工精神士气以鼓舞，让员工振作精神，更好地投入工作中。另一方面，相信也是压力，领导者适度地传达厚望和期待，是在指引方向、传达目的，引导员工更好地朝着目标前进。

但是，相信员工在做正确的事情，并不是盲目地放手不管。

举个例子：

某销售团队的主管十分信任自己的员工。月初的时候，上级给该团队下达了 10 万元的销售任务。团队主管给团队员工传达任务的时候，说："我们团队这个月的销售目标是 10 万元，相信你们一定能够完成目标。"团队员工接收到任务后，有的在网站上做推广，有的策划了一场大型的营销活动，有的直接上门推销产品……他们的做法都没有错，但是到月末团队绩效考核的时候，不但绩效目标没有达成，反而给企业增加了销售成本。

盲目的信任在给员工带来动力的同时，也给了他们更多犯错的机会，可能会导致企业遭受很多不必要的损失。因此，相信员工在做正确的事的前提是要给员工划定一个“安全区域”。在“安全区域”内，管理者要适当放权，让员工可以按照自己的想法，选择自己喜欢的方式去完成任务，达成最终目标。

那么，具体应该如何做?

➢帮助员工找出“正确的问题”;

➢在开始做事之前，要求员工明确记住最终目标;

➢要求员工按照事情的重要程度，编排工作任务的优先次序;

➢适当放权，相信员工有能力做正确的事情。

在实际工作中，“正确地做事”，只能保证这件事不会出错，但不能确保这件事能够产生正面的效果，给组织带来利益。很可能员工辛辛苦苦把一件事做得很好，但却对组织没有任何价值，甚至是完全多余的事情。这时，员工虽然“正确地做事”，但做的却是无用功。

“做正确的事”，要求员工在做这件事之前，就要确定这件事能够对绩效产生价值，给组织带来利益。它不仅考验员工对工作内容的判断、筛选能力，还考验员工的自信心和魄力。

举个例子:

某护肤品专柜的销售员，遇到一位前来咨询产品的顾客。顾客询问销售员:“我的皮肤比较干燥，但是又容易出油，有合适的护肤品吗?”即便顾客能够准确地描述自己肌肤的状况，但是该销售员没有草率地根据顾客自己的描述，就判定顾客是干性肌肤或者是油性肌肤，然后给顾客推荐护肤品。而是对顾客的皮肤做进一步详细检查，并且借助各种医疗器材测验，作出更准确的判断。该销售员的这种行为反映的就是“做正确的事”。

这不仅是对顾客负责，更是对自己负责，既能够帮助顾客做出更准确的判断，也有助于自己提高工作效能。

同样，作为管理者也应该如此。不仅要相信员工在做正确的事情，更要努力培养员工对“正确的事”的判断能力。用宽容的心态，专业的管理方式，在“安全区域”下，给予员工足够的自主权，让员工自由发挥自己的能力。

极简管理箴言

员工“做正确的事”的前提是，
给员工划定一个“安全区域”。

法则22　从领导层开始改变

企业如何将“极简绩效”这一理念贯穿到企业的实际活动中，让这一概念变为企业的实力，实现从理论到实践的转化？最好的答案无疑是从领导层开始改变，自上而下推进。

为什么说要从领导层开始改变？

领导作为团队的“领头羊”，其一言一行都会影响基层员工。领导如果做了正确的行为，就会给员工带来正面、积极的影响。

例如，领导每天按时上班，努力工作，关心员工，当团队出现问题的时候，敢于面对困难，并勇于担责，那么员工受到领导的影响，自然也会积极解决问题，承担责任。如果领导做了错误的行为，那么员工也会效仿。比如，领导每天上班迟到、早退，遇到问题就责骂员工，那么员工在工作中也会变得懒散，不遵守制度，没有责任心，遇到问题就推卸责任。

如果管理者能够正确认识到自己的一言一行给员工带来的影响，并且能够做出正确的改变，那么实施极简绩效管理，也将成为一件容易的事情。

哈佛管理学家吉拉德·哈尔斯博士在具体的调研过程中发现，要想实现高绩效、创设高绩效言论，领导思维最关键。而且，每一种思维都对应着一种领导层行为。

高绩效文化需要具备的思维是，要求在构建市场与有序执行之间，形成适当的平衡。该思维对应的领导层的行为表现为，要在关注现在与未来的同时，避免错误地“权衡取舍”。很多领导层的传统思想是，要么依靠当下的人员和资产来管理当前，重视短期利益，要么就为未来投资，重视长期规划。但是，在日益复杂的市场环境中，只偏重于某一点是致命的。高绩效企业的领导们往往会“二者兼顾”。他们会寻找可以兼顾这两个方面的人才帮助自己实现绩效目标，避免错误地“权衡取舍”。从这一点不难看出，领导层思维和行为的改变，决定了企业绩效管理是否能够顺利实施，绩效目标能否达成。

完善的极简绩效管理体系和绩效文化是推动企业不断发展的有力工具，但是它需要一个可以适应市场变化的领导力。而要拥有这样的领导力，就要求领导层保持改善思维的良好习惯，并不断改变自己的行为，带领企业在激烈的市场竞争中逆势而上。

所以，要想极简绩效顺利实施并取得一定的成效，就要求从领导层开始改变。在绩效管理实施的过程中，领导者需要做的是：

- 积极传递“极简绩效”的管理理念；
- 号召员工积极参与绩效管理；
- 从员工的绩效考核结果不断反思并改正自己的行为；
- 落实绩效考核制度，并严格按照制度执行，确保绩效管理顺利实施。

在实际的绩效管理工作中，很多领导总是习惯把自己从绩效管理中脱离出来。他们认为绩效管理是为了管理员工，绩效考核也是为了纠正员工的错误行为，帮助员工提升绩效。在这种思维模式下，管理者始终只能看到员工的问题，却无法发现自己的问题。

但是，绩效管理是一个全员参与、全员担责的体系，任何人都需要不断反思自己存在的问题，并及时改正问题，提升绩效，进而帮助企业实现战略目标。而领导层，作为组织的最高层，更要为有效实施绩效管理做出带头示范的作用，即从自身开始改变。

管理者要清楚地知道，自己不仅仅是发号施令、指挥员工去办事的人，更应该是以身作则、用自己的影响力去改变员工的那个人。

极简管理箴言

改变别人是一件困难的事情，

改变自己却简单很多。

法则 23 画一张企业战略地图

战略地图是由美国平衡记分卡创始人罗伯特·卡普兰和戴维·诺顿提出的。他们发现，很多企业存在无法全面描述企业战略，管理者之间、管理者与员工之间无法沟通，对战略无法达成共识等问题。

美国哈佛商学院的大学教授、竞争战略之父迈克尔·波特说过：不幸的是，往往在出现失败的时候，人们才能想起对战略的关注。我想真正的挑战是怎么让人们更重视战略，甚至在没有出现危机的时候也一样重视它。

从迈克尔·波特的这句话中，我们明显能感受到战略对企业发展的重要性。所以，仅制定战略目标是远远不够的，还需要为企业画一张战略地图，让和战略目标相关的每个人都能清晰看到实现目标的路线和关键点。将企业大的战略目标，层层细分，最后落实到每位员工的日常工作计划中。

举个例子：

某企业制定了一个长期的战略目标：五年后上市。企业虽然制定了战略目标，但没有为这个战略目标绘制战略地图，结果导致员工虽然知道企业的宏图，但因为宏图并没有落实到他们的日常工作中，所以他们觉得宏图是企业的，跟自己没有太大关系。他们不仅不关注战略目标的实现，不去想它会对自己的职场生涯带来什么样的影响，自己能获得什么样的利益，更不会思考为了实现战略目标该做哪方面的努力和提升。如果战略目标的最终创造者都不关注这个目标，不能将目标设定为自己的奋斗方向，那么企业的战略目标设定得再宏伟，也终将是空中楼阁。要想让空中楼阁落地，就要像打仗一样，画一张详细的战略地图，明确目标和路线。

企业的战略地图，是指企业通过运用人力资本、信息资本和组织资本等无形资产（学习与成长），更好地创建和建立战略优势和效率（内部流程），进而使企业能够把特定的价值带给市场（客户），从而实现股东价值（财务）。所以，为企业画一张战略地图，重点要关注以下几个层面：

➢财务层面：保证股东回报，既要降低综合成本，又要增加收入。

➢客户层面：提升客户满意度，开发新客户。

➢内部流程：确定战略主题，明确关键流程，制定企业长期、中期、短期目标。

➢学习与增长：员工能力提升、员工忠诚度提升等。

这四个层面是相互紧密联系，缺一不可的。

对于企业而言，制定战略目标只是第一步，而将理想化、概念化的战略目标变成一步步落地的操作步骤，才是真正要认真思考的事情。能否绘制出一份细致、落地、高效的战略地图，在很大程度上决定企业战略目标的实现程度。

一张清晰、有效的战略地图，能帮助企业的管理者和员工清楚地了解企业的未来发展方向和目标实现的路线。同时，有了“战略地图”做参考，他们就能在实际工作中快速、敏锐地筛选出“正确的事”，提高工作效能。

除此之外，战略地图还能在企业的各个目标和指标之间建立一个因果关系链。这个关系链可以将期望结果和其驱动因素连接起来，将员工个人的工作和企业战略联系起来，把所有员工的努力集合在一起，进而提升整体绩效，实现企业战略目标。

需要注意的是，战略地图的绘制一定要结合企业当前的发展状况和员工的具体情况。例如，客户层面的目标设定为 1 年内将客户满意度提高到 99%，而目前客户的满意度只有 63%。这样的目标在战略地图上的体现就像坐过山车，显得过于激进。

此外，战略地图上各个目标的设定要有一定的灵活性，应预留一定的缓冲空间。例如，企业当前的利润为 800 万元/年，1 年后的利润目标设定为 1000 万元/年。在做目标实现路线图的时候，既要考虑实现 1000 万元目标的计划，还要做好低于 1000 万元的应对方案，同时也要做好高于 1000 万元的冲刺方案。这样才可以确保战略地图具有实际指导意义。

极简管理箴言

有效的战略地图，

既有目标，也有明确的路线。

法则 24 让员工理解战略

许多管理者只考虑如何才能制定出一个完美的战略目标，却忽视了目标的实施者——员工，他们理解这个战略目标吗？

管理者普遍认为，战略目标是高层领导的事情，员工不该过问，也无须理解，只需负责“听话”，按领导指示完成工作即可。因此，他们根本不会考虑请员工参与企业战略目标的制定，更不会就战略目标向员工作出详细的解释说明。

归根结底，战略的执行者是员工。如果员工对战略目标不理解，就不会将其与自己联系起来，那么战略设定得再好，目标也无法达成。

所以，实施战略的第一步，不是让员工按照管理者的指示去执行任务，而是要让员工理解战略。帮助员工理解战略的最好方式就是战略沟通。

战略沟通是战略管理的重要组成部分，是指以战略目标为客体，在企业内部以及与利益相关者之间的沟通行为。旨在通过沟通行为，让所有的员工都能理解企业战略，进而积极投入工作中，帮助企业实现战略目标。

事实上，很多管理者已经认识到战略沟通对企业战略管理和绩效管理的重要性，但是他们错把简单的信息传递认为是战略沟通。沟通是一个双向交流过程，向员工传递战略信息只是战略沟通的一部分。这种不完整的战略沟通，无法让员工真正理解战略。

某企业制定了“三年上市”的战略目标。目标制定后，企业领导召开了各部门管理者会议，要求部门管理者将这一战略信息传递给部门员工，并督促员工努力工作，争取三年后实现战略目标。员工接到这个信息后，还是像往常一样按部就班地工作，因为他们并不知道这个战略目标的意义是什么，跟他们有怎样的关系，如何才能达成目标，达成目标会获得什么样的利益……管理者为此感到十分纳闷，难道不是设定了战略目标，员工就会因此而变得更加有动力？更加积极、主动吗？

很显然，出现以上问题的原因，是这种单向的信息传递不等于战略沟通。员工即使知道战略是什么，却依然无法理解，所以也不会因为战略目标而有所改变，更不会为了实现战略目标而努力奋斗。因此，要想让员工理解战略，就要掌握准确的战略沟通方式和技巧。

具体来说，做好战略沟通必须抓住以下几点：

➢让员工参与企业的战略设计。

➢为员工提供战略思维所需的概念性指导，如培训。

➢让员工了解企业的战略，并突出关键战略。

➢让员工就企业战略提出个人意见。

➢针对员工提出的不同意见进行反思：如果具备合理因素，那么应该及时调整战略；如果不合理，那么要先肯定员工，然后分析不合理的原因，直到员工能够理解。

➢绘制企业战略地图，把空洞的概念转化为具体的行动，用具体的行动来要求员工。

对于普通员工来说，企业的战略目标是他们可望而不可即的“女神”。因为距离太远，他们无法产生接触的“冲动”。战略沟通的目的就是要让“女神”化为“凡人”，让员工产生深入了解的兴趣和勇气。因此，战略沟通不仅要向员工解释说明战略目标对企业、对个人产生的作用，还要让员工理解并认同企业的战略目标，以此来加深员工的工作责任感，以及目标实现的成就感。这样，才能让员工在实际工作中，自觉自愿、尽最大能力为实现战略目标而努力奋斗。

极简管理箴言

只有落到员工头脑中的战略目标，

才是可实现的。

法则 25 抓住“关键成功因素”

关键成功因素，是指能够决定企业健康、活力和发展的事件或者因素。

美国著名管理专家史蒂芬·科维在其著作《要事第一》中提出，了解事务顺序对于实现成果具有重要意义，每天需要把“岩石”放在第一位。而企业的关键成功因素就是员工每天需要搬动的“岩石”。它是决定企业事务优先顺序的驱动力，能够帮助企业顺利完成任务和要求，让员工明确工作方向。

某物流企业发现，企业 80% 的利润是由一些长期合作的客户带来的。这些客户就是企业的关键客户。这些关键客户的满意度就是该企业的关键成功因素。那么企业只要明确关键成功因素——不断提升关键客户的满意度，就能引导员工为这些“关键客户”提供优质服务。在工作中，他们不仅会优先派送他们的订单，在服务态度上也会更加严格地要求自己。如果企业没有提炼出自己的“关键成功因素”，员工可能就会按照自己的喜好和便利，优先派送一些距离较近，或者货品较轻的客户。这样一来，很可能会降低关键客户的满意度，进而减少企业的利润。

可见，绩效管理工作的成功与否，很大程度上取决于企业能否抓住关键成功因素。

那么，如何才能抓住“关键成功因素”？

➢制定企业战略，明确战略目标及举措；

➢将战略划分为不同的层次；

➢识别所有的成功因素，分析影响战略目标的各种因素和影响这些因素的子因素；

➢从战略中提炼出企业内部关键成功因素；

➢将内部的关键成功因素限定在5~8个；

➢明确各关键成功因素的性能指标和评估标准，把关键成功因素作为绩效设计的重要参考依据以及考核重点；

➢企业步入新的阶段，同步更新、提炼出新的关键成功因素。

确保绩效目标实现的首要条件是，确保员工的行为与企业的关键成功因素协调一致。

在上述物流企业案例中，如果企业只是明确了关键成功因素——不断提升关键客户的满意度，却并没有将其作为绩效设计的重要参考依据，更没有将其作为考核重点，那么，即使管理者每天开会都强调“先给那些长期合作的关键客户送货”，恐怕也难以阻挡一些员工先给距离较近的客户送货的步伐。

所以，“关键成功因素”成为绩效考核指标的来源，同时只有把它写进绩效考核制度中，才算真正抓住了“关键成功因素”。在这个过程中，管理者需要将“关键成功因素”分解为员工的日常行为活动。比如，把“不断提升关键客户的满意度”分解成：接到关键客户的需求信息要在5分钟内进行反馈，优先派送关键客户的订单，与关键客户沟通时多使用敬语……只有这样，才能确保员工的工作行为都有利于促进绩效目标的实现。

在实际的管理工作中，为了强化“关键成功因素”的作用，管理者可以在办公室的墙上贴一些简单的图示，让员工能够更直观地理解企业的“关键成功因素”，同时也能有效督促员工的工作行为。

极简管理箴言

关键成功因素直接决定了员工每天的关键行为，进而决定绩效目标能否实现。

法则 26 适应企业文化

企业文化是一个企业的软实力，也是企业的核心价值观，对企业的经营管理有重大的影响。它能够潜移默化地影响团队中每一位员工，增强企业的凝聚力；它可以渗透到整个企业的经营管理模式中，帮助企业实现战略目标。

随着企业文化在企业发展中的作用越来越显著，其对绩效管理的影响也越来越大。大到企业绩效目标的制定，小到员工实现绩效的行为方式，均会受到企业文化的影响。

举个例子：

A 企业和 B 企业是两家广告公司，制定了同样的绩效目标：9 月的业绩达到 500 万元。

A 企业的企业文化强调匠心、精细，员工的工作行为表现是：最大限度发挥创意，打磨最佳方案。因此，A 企业在制订实现绩效目标的计划时，特别强调：做出最有创意的方案，征服最有实力的客户。也就是说，他们希望通过较少的高品质方案拿下更高价值的客户，进而实现绩效目标。

B 企业的企业文化强调高效、实效，员工的工作表现是：以客户需求为核心，快速做出 1～3 个备选方案。因此，B 企业在执行绩效计划时，特别强调：快速做出符合客户期待的方案，拿下更多客户。也就是说，他们希望通过“快速、高效”签下更多的客户，以此来实现绩效目标。

可见，不同的企业文化对员工的价值观、工作思维以及工作行为都会产生不同的影响，进而引导他们采取不同的方式实施绩效管理。同时，绩效管理的实施，又会反过来影响企业文化的形成。例如，绩效管理中的绩效考核环节，每一种考核因素都是将企业文化中的抽象内容具体化、量化。此外，绩效管理还能增加员工对企业文化的认同感，使员工能够更好地融入企业之中，让企业文化扎根于每一个员工的心中。

但是这一切的前提，一定是绩效管理能够适应企业的文化。如果案例中的A企业在制订绩效管理实施计划时，强调“签订更多客户”，那么以“打磨最佳方案”的企业文化，必然难以实现。

设计跟企业文化相适应的绩效管理制度，需要做到以下几点：

➢既要关注“口号”，也要关注隐藏在员工思维和行为习惯中的“文化”；
➢绩效管理要与企业文化基本方向保持一致；
➢绩效管理要与企业文化保持同步的发展和完善；
➢绩效管理要长期坚持，并保持基本理念和方向的一致性；
➢绩效管理要服务于企业文化建设；
➢绩效管理系统的设计和实施应当以人为本。

企业文化是一个企业的灵魂，不同文化背景下有着不同的绩效管理模式。如果企业设计的绩效管理不能适应企业文化，那么绩效管理将注定会失败。

举个例子：

在绩效反馈环节中，受中国传统文化的影响，很多人“爱面子”，那么为了适应这种文化，管理者向员工反馈他们的绩效结果，指出他们的问题时，态度要诚恳，语言要委婉、礼貌，注意维护员工的面子。否则，一旦伤及员工的面子，有可能会使员工恼羞成怒，甚至与管理者争吵，发生摩擦。

总之，企业文化与绩效管理，同样致力于改变员工的行为，让员工得以成长，并提高员工的绩效，从而提高组织绩效。不同的是，企业文化通过价值理念潜移默化地影响和约束员工的行为，是“软约束”；而绩效管理通过制度、规章约束员工的行为，是“硬约束”。对于企业而言，企业文化和绩效管理是管理员工的两个重要方向，这两者之间的关系密不可分，既相辅相成，又相互促进。

极简管理箴言

绩效管理要服从于企业文化的指引，

服务于企业文化的建设。

法则 27　创建关键绩效指标

关键绩效指标，是指那些关注企业绩效各个方面的评价指标，是从关键成果因素中提炼出来的指标。这些指标代表了工作的重点内容和需要花费更多时间的工作内容，是衡量企业绩效的重要指标。它的数量虽少，但是对绩效管理效果的影响却很大。如果企业没有创建关键绩效指标，就会加重企业绩效管理的负担，降低整个企业的效能。

举个例子：

销售部门是一个任务繁重、工作比较复杂的部门，无论是对销售部门进行考核，还是对销售部门的员工进行考核，所要参考的因素都比较多。如果销售部门没有创建关键绩效指标，那么在考核员工时，可能需要考核几十个指标。而考核几十个指标未必能够帮助员工提高业绩，因为在这些指标中，有些指标并不是特别关键，同时也很难对员工绩效产生重要影响。但是管理者在这些普通指标和关键指标上投入的考核时间、成本却是一样的。

事实上，销售工作 80% 的工作任务是由 20% 的关键行为完成的。从这 20% 的关键行为中提炼出关键绩效指标：关键客户拜访次数、新产品发布日期、即将签约的客户数量等。那么，在对销售部门进行绩效考核时，只要重点考核这些关键绩效指标就能掌握销售部门这一时期的整体工作成效。

根据美国开发主导性关键绩效指标的权威专家戴维·帕门特在其著作《关键绩效指标》中所说，关键绩效指标具有 7 个基本特征：

- 非财务评价指标，不以人民币、美元等货币单位进行计算；
- 及时性，以周、天为单位频繁地评价；

- 由首席执行官和高级管理团队亲自组织实施；
- 全体员工都能够理解该评价指标，并知道如何调整工作；
- 责任可追溯到某个或某几个具体团队；
- 会对企业产生重要的影响；
- 支持采取适当的行动。

需要强调的是，关键绩效指标是评价当前活动或者适应未来发展需求的指标，而不是对过去活动或成果的评价指标。例如，今天拜访了多少关键客户，或者计划下个月拜访多少关键客户，这些都属于关键绩效指标。而上个季度、上个月甚至上周拜访了多少关键客户只能称为"绩效指标"，而不是关键绩效指标。

所以，在确定关键绩效指标时，一定要对已经确定的绩效指标按照"过去、当前、未来"的方式进行分类。重点找出明天、下周、下个月或下个季度的"未来评价指标"。"未来评价指标"的确定有助于指导、监测员工当前行为，帮助员工把工作重点放在对绩效目标会产生重大影响的事情上。

同时，因为关键绩效指标关注的是当前和未来的活动，所以具有较强的及时性。某些关键绩效指标甚至要按照每周 7 天、每天 24 小时的频率随时进行评价并做好即时性报告。即使是按照每周、每天的频率进行评价，也能够将绩效实施过程中的问题控制在 1 周以内，从而保证绩效目标的顺利实现。

此外，关键绩效指标的数量不宜太多。戴维·帕门特建议，关键绩效指标不要超过 10 个，除非该企业的业务涵盖许多各不相同的行业。

一旦创建了关键绩效指标，员工就能很清楚地知道，为了达成绩效目标，应该采取什么样的行动。也就是说，他们能够主动按照关键绩效指标的明确要求，改善自己的行为，主动承担起相关责任，尽最大努力实现绩效目标。

极简管理箴言

不能及时提供有效信息的评价指标，

起不到关键作用。

法则 28 态度考核指标设计

态度指标，是指员工对工作所持有的评价与行为倾向。

态度考核指标主要来源于企业的核心价值观。由于价值观本身是一个比较抽象的概念，很难被量化，所以很多企业都会放弃对员工态度指标的考核。

事实上，员工态度难以量化成指标，不足以成为企业放弃对员工进行态度指标考核的理由。对于企业而言，如果还是一味地“以业绩论英雄”，对企业的发展肯定是不利的。因为很多时候，决定一个人能不能胜任岗位职责，能不能高效完成任务的，不仅取决于能力，还取决于态度。

某销售部新来了一名员工。起初，无论是领导还是同事都对他很满意，因为他不但能够迅速掌握岗位相关的知识，还有很多有创意的想法。但是一段时间以后，大家的想法都改变了。销售部要求每个员工每天要打 100 个邀约电话，但是这名员工每天只打 40 个左右就不再继续了。在部门例会上，他不但找各种理由推脱责任，而且还质疑领导的管理方式。

与上述案例中的这名员工类似的情况，很多团队都有或都遇到过。但是，没有管理者会让这样的人长期留在团队中。员工没有能力不要紧，可以通过技能培训提高他们的工作能力。但如果员工的态度不端正，那么即使有再优秀的能力也难以做出高绩效。

工作态度是工作能力向工作业绩转换的桥梁。只有能力，没有态度，最终可能会让员工跌入“万丈深渊”。因此，绩效管理要考核能力指标，更要考核态度指标。

设计态度考核指标时需要注意以下几个问题：

➢明确态度指标："提成什么，考核什么""缺什么，考核什么"。

➢不分层级，提炼共同指标，对管理者和员工的态度共同进行考核。

➢将客户意识、协作沟通、主动高效、严格认真、学习创新、责任担当六大指标作为重要的态度考核指标。

➢态度考核指标应该围绕"行为锚定等级评价法"展开。例如，对"责任感"的指标等级描述，第一级是缺乏责任感，总是完不成任务，习惯推卸责任。

➢以"二八原则"确定态度指标权重，即业绩指标占80%，态度指标占20%。

➢将态度指标与绩效、奖金挂钩。

➢态度指标应与业绩指标和能力指标相结合。

态度指标不同于业绩指标，它很难被量化，因此态度指标的考核就成为一个难题。但这并不是不能解决的问题。一个人所呈现出的态度，其实是通过一种或者几种具体的行为体现出来的。例如，上述案例中的员工，工作态度不端正表现为无法按时完成工作任务、找各种理由反驳领导、质疑领导管理方式等。只要找到这些关键行为特征，态度考核问题就变得容易多了。

而对行为进行考核，最简单的方式就是关键行为访谈术。关键行为访谈术，是指以获取被考核员工的关键行为事件为主要目的的考核方法。主要过程是请员工回忆过去半年（或者一年），他在工作上最感到有成就感（或挫败感）的关键事例，其中包括情景的描述、有哪些人参与、实际采取了哪些行为、个人有何感觉、结果如何等，即员工必须回顾整个关键事件的过程。从关键事件的回顾中，管理者可以明确锁定员工的行为特征，并将这些提炼出来，对员工进行态度指标考核。

极简管理箴言

如果没有20%的态度指标，

那么80%的业绩就将很难达到。

法则29　能力考核指标设计

企业在进行绩效考核时，往往会忽视能力指标。大多数管理者认为员工的个人能力可以从其业绩中体现出来，无需另外考核。事实上，如果不把决定员工绩效的能力拎出来，设计能力考核指标，员工即便能够产生较高的绩效任务，他们也无法准确判断高绩效是由哪些能力带来的。

设计能力考核指标，有助于员工清楚了解与绩效产生直接作用的能力，并有意识地去提升这些能力。所以，在绩效指标设计中，能力指标是除了业绩指标、态度指标以外最重要的考核指标。

也有不少企业已经意识到能力指标的重要性。但是，他们设计的能力考核指标往往比较复杂。比如，对管理者和员工考核的能力指标是一样的，或者对销售岗位和后勤岗位考核的能力指标也是一样，再或者用沟通能力、执行能力这样的“通用指标”来代替一切。这样设计出来的能力指标，不但对企业的绩效起不到任何的积极作用，而且对员工能力的培养和提升也毫无意义。

设计能力考核指标应该注意以下几个原则：

➢能力考核指标需要跟战略要求相匹配；

➢能力指标要与岗位性质相匹配；

➢能力考核指标要和员工的“过去”比较，要更关注员工的“潜在能力”；

➢能力考核指标可以“因人制宜”“因岗制宜”，可以在员工能力结构和能力水平的基础上，设定个性化的能力指标，以激发和强化员工的能力；

➢能力指标考核的结果不与绩效奖金挂钩，主要用于阶段性的人事决策，如晋升、调岗；

➢能力指标的考核周期应以半年或一年为宜；

➢能力指标应与业绩指标和态度指标相结合。

一般来说，不同的职位，所承担的关键成功因素也不同，因此对能力的要求也是有所不同。比如，中层管理者的主要能力是运营能力、沟通能力以及带领团队的能力；而基层员工，也就是关键绩效指标的执行者的能力要求不需要全面，但要有所侧重和指向。比如，基层业务员要重点考核市场开拓能力、回款能力等，而基层后勤人员要重点考核客户服务能力、人际交往能力等。

需要注意的是，不是所有的能力都要考核，真正要考核的一定是与组织的战略目标相匹配以及符合岗位需要的核心能力。只有跟战略目标相匹配的能力指标才能帮助员工锁定关键行为，进而驱动绩效提升。只有符合岗位需要的能力指标才能真正促进绩效目标的实现。这就要求管理者在设计能力考核指标的时候，要根据企业自身的特点和不同岗位的要求，来设定高层、中层、基层不同的能力指标。

此外，能力指标考核的结果一定要应用到人事决策中。比如，基层业务员要想晋升到销售主管的岗位，必须具备出色的团队管理能力、工作辅导能力等。这样做既能帮助人事做出准确的决策，又能有效激发员工去刻意提升真正对绩效有用的能力。

最后，在绩效考核中单单考核能力指标也是行不通的，管理者应该明确知道，绩效考核是一个整体，不是单单哪一个指标就能够决定成败的。因此，在设计绩效管理体系时，应将业绩指标、能力指标和态度指标三者结合起来，这样才能真正反映出员工的真实工作情况，给绩效辅导和反馈提供更全面、完善的信息和资料，确保绩效考核结果能够真正为绩效的改进和提升服务。

极简管理箴言

能力指标既要符合绩效目标的要求，

又要符合考核对象的角色要求。

法则30 作出明确、详细的岗位职责

企业在实施绩效管理的时候，经常会出现这种现象：管理者交代的事情，员工之间相互推诿，办事拖拉、效率低下，如果出现问题就会相互推卸责任。导致这一问题的关键原因是，企业在设计绩效的时候，没有作出明确、详细的岗位职责。

岗位职责，是指一个岗位所要求的必须完成的工作内容以及应当承担的责任范围。它是职务与责任的高度统一。一个人的职务决定他所要承担的相应责任，而一个人的责任则反映了这个人的授权范围，也就是他的职务。

因此，在设计绩效指标的过程中，应该建立明确、详细的岗位职责，并且各岗位间职责分明，权力互相制约。

某销售部门的职位自上而下分为销售经理、销售主管、业务员。该销售部9月的业绩目标是50万元。结果月底考核的时候，只完成了30万元的业绩。在绩效总结中，销售经理认为，一切责任都在销售主管身上；而销售主管则认为业务员不够拼命；业务员却觉得是领导的目标设定有问题。

表面看起来，似乎每个人都不应该承担绩效目标没有实现的责任。但如果该销售部门从一开始就明确了各个职位的责任就能快速、清楚地分清每个人的责任。

销售经理的主要职责是：定期制订销售计划，销售人员的招募、选择、培训和调配，业绩的考察评估、销售战术的制定等。

销售主管的职责是：带领团队完成业绩目标，制订销售计划，部门内员工的培训方案、销售战术的制定等。

业务员是任务的执行者，主要工作是编制自己分管市场的销售计划、开发维护客户等。

当绩效目标没有实现的时候，就可以清晰地看到每个人在绩效目标实现的过程中需要承担的责任，进而再对应他们在绩效实施过程中的行为，就可以精准锁定每个人的“问题”。比如，销售经理在设定目标时没有和员工进行深度沟通，导致目标脱离实际，远高于该销售团队所能承受的范围，那该销售经理就要承担“决策失误”的责任。再比如，该团队中的某个业务员在拜访客户的过程中，因言语不当得罪了一个“关键客户”，丢失了一个大单，那该业务员就要承担“执行不当”的责任。

在实际工作中，每个岗位都有其特定的岗位职责，这一点是不可取代的，可以取代的只有这个岗位上的人。

如何作出明确、详细的岗位职责，做到无可取代呢？

- 根据岗位的工种确定岗位职责范围；
- 确定岗位任职资格；
- 确定各个岗位之间的相互关系；
- 根据岗位性质，明确实现岗位目标的责任。

作出明确、详细的岗位职责之后，还要让每个人都真正明白岗位的工作性质。也就是说，必须让每个岗位上的人清楚地知道自己在团队中扮演什么样的“角色”，自己需要为岗位目标做出哪些行为，以及承担哪些责任。一旦每个人能够清楚地认知这些问题，岗位职责对他们而言就不再只是压力，而是转化成了发自内心的动力。

总而言之，作出明确、详细的岗位职责，不仅可以有效避免不同岗位之间互相推诿，规范管理者和员工行为，还可以最大限度地实现劳动用工的科学配置，让每个人都能在其岗位上发挥出最大效用。除此之外，明确、详细的岗位职责还可以作为绩效考核的重要依据，推动绩效管理系统良性运转。

极简管理箴言

作出明确、详细的岗位职责，

有利于更好地发现和善用人才。

法则 31 设计有效的绩效薪酬制度

在工作中，满足人们生存需求的首要条件就是设置合理的薪酬。有效的薪酬制度，既要保障员工的基本生活，让员工安心工作，又要激励员工为了获得更高的薪酬不断努力，从而追求更高层次的需求。

现在很多企业已经意识到薪酬制度的重要性，但是他们发现，薪酬制度在绩效管理中并没有起到很大的作用。比如，给有些员工发放丰厚的奖金甚至猛涨工资，只能在一段时间内激发他们的工作积极性，一旦过了“有效期”，他们就又回到了之前疲软的状态。出现这种情况，就是因为传统的薪酬制度过于单一，不能对员工产生持续激励的作用。

很多管理者在制定薪酬制度的时候，首先考虑的是企业成本，然后考虑的是让员工能够接受的最低薪酬。还有的管理者认为，既然要吸引员工，激发员工的潜能，那必然是薪酬越高越好。然而，对于这些薪酬制度能否起到持续激励的作用，却很少有管理者能够充分重视。设置最低薪酬虽然有利于节省企业成本，但对员工缺少有效的激励，会直接导致员工工作积极性不高、对企业的忠诚度不高等问题。

设定较高薪酬，虽然对员工具有较强的吸引力，短期内也能激发员工的工作热情，但是长久下来，当员工习惯了高工资，他们反而会变得更为消极，因为不用努力也可以获得高报酬。

而有效的薪酬制度，既要考虑企业的成本，也需考虑吸引力和激励性，还更需要考虑持久激励。从心理需求层面来说，能够对员工产生持续激励的薪酬制度必然具备以下几个原则：

➢公平性原则，包括外部公平、内部公平和个人公平；

➢激励原则，如可将薪酬的提升与业绩挂钩；

➢市场原则，依据人才市场的竞争状况来确定薪酬；

➢竞争原则与经济性原则，薪酬标准需要有吸引力，要能够吸引来所需要的人才，但是也要兼顾企业成本；

➢合法性原则，符合国家的政策与法律；

➢有趣原则，能时常给员工惊喜感。

设计有效的薪酬制度，要从两个层面考虑：一个是内部层面，另一个是外部层面。

内部层面主要是从员工的角度考虑问题。在团队内部，员工对于薪酬制度最在乎的就是公平性。例如，在团队中，如果员工的工作内容一样，但是薪酬差别很大，那么员工就会为此感到愤愤不平。或者市场上同行业的薪酬水平都高于自己的薪酬时，员工也会觉得遭受了不公平的待遇。这些“不公平”最终会导致员工丧失对工作的积极性和动力，甚至会选择离职另谋高就。因此，设计薪酬首先就要遵循公平性原则，要兼具外部公平、内部公平和个人公平，即外部要做到不能低于市场同行业的薪酬水平，内部薪酬要按照统一的薪酬制度执行，而个人公平则要求要做到“论功行赏”。

对于管理者而言，应该考虑更多的是，薪酬制度能否激励员工。如果薪酬对员工来说只是一份“工资”，每个月干多干少都一样，那么这种薪酬制度注定是无效的。因此，内部层面还需要考虑激励原则。例如，将薪酬跟个人业绩挂钩，或者制定奖罚措施。

外部层面主要是从市场角度考虑。团队要想吸引更多的人才，就要遵循市场原则、竞争原则和经济性原则，根据人才市场的竞争状况来确定薪酬。一般来说，薪酬水平不能低于同行业，但是也不能过高，过高的薪酬水平不仅会增加企业成本，也很容易导致市场秩序混乱。除此之外，还要注意的是“合法性原则”，企业任何制度都要符合国家的政策与法律。

前五个原则比较容易理解，而第六个原则——有趣原则是企业设计薪酬制度需要重点关注的。尤其是随着90后、00后新生代员工渐渐成为职场主力，迎合他们个性化、趣味化的情感需求已经成为有效管理的关键。所以，抛弃传统的简单粗暴的给钱方式，在薪酬制度中增加有趣的环节、元素，给员工制造惊喜感，是确保薪酬制度有效的重要手段。

例如，最佳员工表现奖、不定时红包奖励、新客户开发奖励、成就奖励等，让员工告别只有基本工资的时代。这样的薪酬制度将更加吸引新生代员工，也更能激发他们的工作积极性。

极简管理箴言

薪酬制度有效与否，

取决于是否满足了员工的心理期待。

法则 32 确定团队绩效评价指标

在确定企业绩效评价指标过程中，首先要做的是确定团队的绩效评价指标。

团队绩效评价指标来源于团队的成功因素，主要由团队的成果指标、绩效指标以及企业的某些关键绩效指标构成。团队绩效评价指标是能够让员工产生适当行为效果的评价指标，能够驱动员工采取正面行动。合适的团队绩效评价指标，能够规范员工行为，帮助员工以恰当的方式合理安排他们的工作，从而促进整个团队绩效的提升。

某销售团队的绩效评价指标中，有一项关键评价指标是“2 个小时内仍未解决的来自关键客户的投诉（向经理汇报）”。团队员工一旦明确了该指标，在面对关键客户投诉时，就会及时、积极地帮助他们解决问题。如果问题在2个小时内得不到解决，他们就会立即寻求经理的帮助。在这一过程中，员工所有的行为，都是由团队的绩效评价指标驱动产生的。

一般来说，确定团队绩效评价指标可以采取以下几个步骤：

➢依据团队成功因素确定团队绩效评价指标；

➢列出所有的团队绩效评价指标；

➢对这些指标进行筛选；

➢对选出的指标进行分类，如绩效指标、关键绩效指标、成果指标；

➢根据分类结果和指标性质，确认指标名称以及指标评价的方法；

➢召开团队绩效评价指标宣讲会。

管理者要清楚地认识到，团队绩效评价指标是从团队的实际情况得来的。任何脱离团队本身的绩效评价指标都是无效的。

举个例子：

某销售团队管理者在确定团队绩效指标的时候，照搬了客服部的团队绩效评价指标：每个月客户投诉率不得超过2%。事实上，销售人员被客户投诉的概率很低，尤其是该团队销售人员的客户投诉率一直保持在0.8%左右。所以，这个团队绩效评价指标对于员工的行为引导作用几乎不存在。

因此，管理者在确定团队绩效指标的时候，不仅要深入团队内部，了解员工的工作，还要确保团队的绩效评价指标能够为团队员工所理解。如果员工不能理解绩效评价指标，无法产生有效的行为，那么就会导致费尽心思确定的团队绩效评价指标也是无效的。

除此之外，为了确保绩效评价指标能够产生有效行为结果，指导团队正确工作，每一个团队的指标最多制定25项。这个数量通常是使用指标的上限，高于这个数目就可能会造成团队资源紧张以及缺乏重点指标考核等问题。

在确定团队绩效评价指标的过程中，管理者要切记，对团队进行绩效评价的最终目的是产生有效的行为结果，帮助团队改善、提高绩效水平。

极简管理箴言

一旦能够确定合适的团队绩效评价指标，

员工的付出一定会产生神奇的效果。

法则33 确定个人绩效评价指标

一些管理者认为，只要团队绩效评价指标明确，员工就能清楚地知道自己的角色和职责，并能够自觉地将自己的目标跟企业目标结合在一起，顺利完成任务，达成目标。但是，实际情况并非如此。不少员工在工作中仍然会以自我为中心，团队绩效评价指标无法对他们的行为产生作用，导致工作效率低下，团队目标和企业目标都难以达成。因此，当确定团队绩效指标后，还要将指标和责任落实到团队每一个员工身上，确定个人绩效评价指标。

将团队指标细化，分解到每一位员工身上，员工就能更加明确自己应该重点关注哪些工作，应该如何分配工作时间，以提高工作效率。

一般来说，确定个人绩效评价指标需要注意以下几点：

➢个人绩效评价指标要与团队绩效评价指标保持一致；

➢评价指标对应的行为、活动必须真实存在；

➢能用数据或信息表达；

➢得到所有员工的认可；

➢评价指标能够引导有助于实现组织目标的正向行为；

➢评价指标的描述规范且可操作性强。

无论是团队绩效评价指标还是个人绩效评价指标，都是从实际工作中总结出来的。因此，在确认个人绩效评价指标时，首先要确保个人绩效评价指标与团队绩效评价指标保持一致。其次要注意，指标对应的行为、活动必须是来源于工作，是真实存在的。

某产品研发部门的团队绩效指标第一项就是“新产品合格率”，而该项指标对应的个人绩效指标是“市场反馈次数（每周3次）”。指标设定后，管理者发现不但团队绩效评价指标无法达成，而且员工的个人绩效指标也无法达成。

究其原因，该企业的产品研发团队主要负责产品设计和研发工作，直接与市场接触的机会并不多，而员工一边要兼顾团队绩效评价指标，认真研究产品，另一边还要兼顾个人绩效评价指标，抽时间去做市场反馈，最终无疑是丢了芝麻也丢了西瓜，团队和个人的绩效评价指标都无法达成。

所以，个人绩效评价指标一定要与团队绩效评价指标一致，否则员工的行为即使做出改变，也无法达成团队绩效评价指标。此外，个人绩效指标必须对应真实的工作行为。在上述案例中，个人绩效评价指标“市场反馈次数（每周3次）”对应的工作行为，对于产品研发人员来说几乎是不存在的。这样的个人绩效指标就是无效的。

个人绩效指标能够强化员工的行为，给员工有效的指导，驱动员工不断做出行为改变。此外，因为个人绩效指标与团队绩效指标是一致的，员工会自觉地将个人绩效指标和团队绩效指标联系在一起，最终实现个人和团队的双赢。

极简管理箴言

只有团队每一个员工的
个人绩效评价指标达成了，
整个团队的绩效评价指标才能达成。

法则34 放弃无意义的评价指标

英国作家弗格斯·奥康奈尔在其著作《极简主义》中强调了这样一个观点:“尽管我们做了最大的努力,然而,总会有意想不到的状况在等着我们。”同样,不管我们在确定评价指标的过程中多么严谨,付出了多大的努力,都难以避免出现“无意义的评价指标”。因为企业、团队和个人始终处于发展的状态。

所以,在绩效管理过程中,我们会不断发现无意义的评价指标,这时一定要果断放弃这些指标。因为如果留下这些无意义的指标,不但会白白消耗人力、财力,增加企业的运营成本,还会对实现绩效的行为产生误导,最终导致绩效结果出现偏差。

一般来说,具有以下特点的指标都可以定义为“无意义”,应进行删除或修改:

➢意思或指向重复的指标;

➢不能归为关键成果指标、成果指标、绩效指标、关键绩效指标这四类中的任何一类;

➢与企业关键成功因素无关的指标;

➢无法产生适当行为效果的指标。

放弃无意义的评价指标,首先应该做的是控制“源头”,即在选取评价指标的时候,就要剔除无意义的评价指标。一些管理者在设计绩效评价指标的时候,将与成功因素和关键成功因素相关的指标全部提取,并运用到实际的绩效考核中。他们没有对指标进行筛选的理由是，既然是跟企业成功因素有关的指标，那么或多或少对企业的成功有一定作用，所以他们对这些评价指标本着“一个都不能少”的原则，全部编入评价指标体系，以为这样就能更快地提升绩效。

结果由于需要考核的指标太多，导致员工的精力过于分散，在工作中无法对重要指标全力以赴。管理者也因为绩效考核负担太重而影响了工作效率。同时，这些无意义的评价指标虽然消耗了员工和管理者的时间和精力，但却不能产生任何价值。

举个例子：

在写文章时，我们都会先收集资料。在收集资料的过程中，我们不是毫无目的地大海捞针，不管什么资料都收入囊中，而是有针对性地挑选与文章主题相关的资料。然后根据具体内容的相关程度再对资料做进一步筛选，挑出影响文章核心观点、表达方式的关键资料，着重研究、思考。如果对所有相关资料都做深入研究、思考，原本一天时间就能完成的文章，恐怕要花上十天半个月也难以完成。

所以，为了确保行为的有效性，必须有所取舍。同样，要想确保评价指标能够有效引导绩效行为以实现绩效目标，就必须及时放弃无意义的评价指标，留出更多的时间、精力去关注真正有用的评价指标。

没有哪一个绩效评价指标一定能够自始至终对企业的发展有帮助。绩效管理本身就是一个不断发展的过程，而且市场环境每天都在变化，企业内部组织和员工也在变化。在这个过程中，只有及时放弃那些已经变得毫无意义的评价指标，同时确定新的评价指标，不断优化评价指标体系，才能保证让整个绩效管理体系真正作用于企业的发展。

极简管理箴言

懂得放弃，

才能抓住更重要的东西。

法则35 建立正确、简单的考核标准

绩效考核是绩效管理过程中尤为关键的环节，是指对照工作目标和绩效标准，对考核主体采用科学的考核方式，评定员工的工作完成情况、员工的职责履行程度和员工的发展情况，并且将评定的结果反馈给员工的过程。

绩效考核标准其实就是考评者通过测量或与被考核者约定，得到的衡量各项考评指标得分的标准。企业通过建立全体员工以及管理层认可的、易操作的、有效的绩效考核标准，考核每个人的绩效，从而改进和提升企业的绩效。

考核标准可以有很多项，每一项都必须要有明确的描述。在制订绩效考核标准时，必须遵循两个原则。

原则一：使工作成果最大化。

绩效考核是对每个人工作状况及成果的评价，最终目的是通过评价激励企业的每个人做出更大的贡献。而这种贡献更多地体现在工作成果上。例如，某业务员做事很勤奋，每天至少要打200个推销电话，但他每个月的业绩却很少。如果该团队的考核标准是“勤奋”，如“每天至少要打200个推销电话”，那么该员工的表现会让他拿到高额奖金，但对团队绩效来说，这显然是起到了负作用。要想真正实现团队绩效的提高，首先必须确保成果最大化，即建立“每天至少要成交2单，每单不低于1万元”这样的成果标准，然后再根据“成果标准”建立正确的“行为标准”。

原则二：有助于提高组织效率。

组织效率的概念比较广，包括产品质量好、组织盈利能力强、客户满意度高等。一般来说，个人的工作成果最大化就有助于提高组织效率。但是，还要注意的是，考核标准不能一味注重结果，也要注重过程——既要实现“每月 2 万元的业绩”，也要“提高客户满意度”。

在以上两个原则的基础上，建立的考核标准还要满足以下条件：

- 标准必须是正确的、具体的；
- 标准必须清晰、简单；
- 标准要“适度”；
- 标准要定期更新。

管理者应该明确让员工知道，企业对工作的考核标准是什么，要做到什么样的程度才能达到考核标准，实现个人和团队的绩效目标。所以考核标准一定要是合理、具体、清晰、简单的。例如，某银行信贷员的工作标准是“及时为客户准备好信贷文件”。

其次，考核标准一定要适度。太高的标准，由于很难做到，容易让员工失去信心；太低的标准，很容易就能做到，则失去了考核的意义。最适度的考核标准是让员工“跳一跳就能够到树上的桃子”。例如，如果员工每个月能轻松完成 2 万元的业绩，那么每个月业绩考核标准可以设为 3 万 ~4 万元。

最后，考核必须定期更新。考核标准制定出来后不能一成不变，不同的环境、不同的时机下要采用不同的考核标准。工作中变动的因素有很多，一个标准不可能适合任何时候的任何人。例如，不能用老员工的考核标准来要求新员工。以销售部门为例。一般情况下，销售部的老员工无论是销售经验还是资源都多于新员工。如果以老员工每月能够轻松完成的业绩标准来要求新员工，那么显然会“压垮”新员工。所以说，当外界发生变化时，考核标准也要及时作出相应的调整。

除此之外，还需要注意，考核的标准是基于工作而非基于工作者。也就是说，无论谁做这份工作，都必须遵从考核标准。唯有如此，考核标准才能客观、准确地反映出员工的工作情况，进而有效地帮助员工提升绩效。

极简管理箴言

员工只会做被要求做的事，

考核标准越明确、具体就越有效。

法则 36 选择对的考评者

一个有效的绩效考核体系，除了要有明确、简单的绩效考核标准外，还需要选对绩效考评者。再明确、简单的标准，如果没有选对考评者，也无法发挥出考核的作用。

一般来说，绩效标准有定性标准和定量标准两种。通常情况下，定量标准比较容易考评，不容易受个人主观因素影响，而定性标准却很容易受到个人主观因素影响。这时候，考评人是否能够客观、公正地进行考核就尤为关键。

一家企业挑选了一位工作能力突出且看起来人缘不错的员工作为考评者，承担考评的任务。等到考核结束，考评者上交考核报告时，管理者发现这份考核报告呈现出来的是“形势一片大好”。考核报告中只能看到被考评者的优点，而对被考评者的缺点却避而不谈，甚至没有反映考核不达标的被考评者身上出现的问题。经过深入了解，管理者发现，该员工“人缘不错”的原因就是“善于发现他人优点，忽略他人缺点”。这样的性格放在绩效考评上显然不合适。

除了案例中考评者的性格会影响考核外，考评者的知识体系、价值观、考核态度、个人能力、人际关系等个人因素均对考核结果有极大影响。所以，要想绩效考核发挥出应有的效果，除了要建立正确、简单的考核标准，还要选对考评者。

要选对考评者，管理者需要遵循以下几个标准：

➢考评者要认识到评估工作的重要性；

➢考评者要能熟练把握考核标准和考核流程；

➢考评者要具有公平公正的考核态度；

➢考评者要有良好的分析问题的能力、良好的决策力和沟通能力；

➢考评者要值得管理者和员工信赖；

➢考评者要了解被考评者所从事工作的性质与目标，能够准确地识别被考评者完成工作所需要的关键性行为；

➢考评者需要经常对被考评者的工作进行观察，以确保绩效评价的准确性；

➢考评者要具备能够识别被考评者行为是否有效的能力，以便对被考评者在组织内的价值作出正确的评价。

能够选拔出合格的考评者自然是一件非常完美的事情。但是很多管理者大费周章选拔考评者，最终却是没有一个完全符合标准。这时候该怎么做？降低标准？显然是行不通的。这时，就需要按照标准对比较符合标准的人进行培训，以使他们完全成为一名合格的考评者。例如，某考评者唯一没有达到的标准是对被考评者的岗位不熟悉，不了解他们的工作性质，那就可以安排考评者经常到被考评者的工作岗位中去，观察、体验他们的工作，直到完全了解之后再“上任”考评者岗位。

绩效考评不是简单地打分，而是以考核标准为依据，遵循合理的考核流程，反映员工的工作状态，给员工未来的发展提供正确的指引。所以，作为绩效考核的考评人并不是一件容易的事情。他需要对员工负责，对企业负责，更要对自己负责。

极简管理箴言

一个合格的绩效考评者，

需要具备两个条件：意识和能力。

法则37 考核周期视工作内容而定

绩效考核周期，也叫绩效考核期限，是指多长时间进行一次绩效考核。

一般来说，绩效考核周期分为月度考核、季度考核、半年度考核和年度考核。在设置绩效考核周期时，不能过长也不能过短。考核周期过长，会降低绩效考核的准确性，不利于员工绩效的改进，会影响绩效考核效果。考核周期过短，会增加企业的成本开支。

极简绩效法则强调，绩效考核周期“宜短不宜长”，具体的考核周期应该视工作内容而定。

绩效考核周期的确定，需要考虑以下几个因素：

- 工作职位的性质；
- 绩效指标的性质；
- 绩效标准的性质。

很多管理者并未对考核周期的设置给予重视，而是随意制定绩效考核周期。他们要么模仿其他企业的考核周期，要么忽视不同的岗位性质、绩效指标的性质和绩效标准的性质，统一按照一年一次的周期来进行考核。这样设置的考核周期会影响绩效考核的结果。

每个企业的性质都有所不同，甚至每个团队、每个岗位的性质都是不同的。因此，套用其他企业的考核周期，会扰乱企业的绩效管理工作，只有根据实际工作内容而制定的考核周期才是有效的。

举个例子：

销售部是变动最大的一个部门，他们随时要根据市场的变化，对工作内容、进度作出调整。在这种情况下，如果对销售部门设置的考核周期是半年或者一年考核一次，显然会导致考核结果严重脱离实际情况，进而对销售部门的发展造成不利影响。

首先，销售员的业绩很难突破。考核周期过长，对销售员的自我管理能力要求就非常高，他必须在半年甚至一年内持续为一个看起来很大的目标而努力。如果在实现目标的过程中出现意志不坚定的情况，就会功亏一篑。其次，较长的考核周期很容易给管理者带来“近因效应”。管理者很可能只记得销售员近期的表现，而冲淡了员工之前工作中出现的问题。这显然会导致考核不准确，员工的问题无法得到解决，绩效问题无法得到改进。所以，像销售这种变动较大的工作，采取半年度考核或者年度考核显然是不合适的。

一般来说，工作内容比较复杂多变的岗位，如销售、公关、市场分析/调研、市场推广/合作、物业管理员、会计、出纳、投资顾问、证券经纪人、保险业务员、服务员、快递员、促销员、家政、导游以及技工等，考核周期都应尽量短一点，最好以天、周或月为考核周期，以便及时跟踪和发现问题，并及时进行反馈、改进。而工作内容相对单一、稳定的岗位，如行政专员、办公室主任、人力资源专员、高级文员、文档管理、翻译、后勤等，考核周期可以适当长一点，但最好也以月、季度为考核周期。此外，像工程师、项目经理这种工作内容和时间都以“项目”为单位进行的岗位，则可根据项目执行的周期来设置绩效考核周期。

除了要考虑工作性质，还要关注指标的性质。不同的指标其考核周期也是不同的。性质比较稳定的指标，考核周期相对可以长一点；相反，考核周期就要短一点。比如，关键绩效指标，就应该按照每周 7 天、每天 24 小时或者每天 1 次的频率进行评价。

此外，设计考核周期时，还要考虑绩效标准的性质。比如，有的绩效标准比较高，员工可能要 1 个月才能完成，考核周期就可以设置为月考核；而有的绩效标准比较容易实现，员工只需要 1 个星期即可，考核周期就应设置为周考核。

所以说，有效的绩效考核周期一定是根据具体的工作内容而制定的。

极简管理箴言

看准"时机"做考核，

是确保绩效考核效果的关键。

法则 38 设计各层级考核表

绩效考核的目的是提高所有员工的工作效率，帮助企业实现战略目标。因此，绩效考核需要全员参与进来，并针对不同的层级设计绩效考核表。

分层级考核不是简单地将绩效指标分解为组织绩效、部门绩效和个人绩效，而是强调职级之间的关联性。已经分解的指标，需要根据职级权重新设计指标。例如，销售利润率，销售总监的权重就比较大，因为定价权在销售总监手上。相反，有些指标，职位越高权重越小。例如，销售目标的达成率，业务员的权重就比销售总监的权重大。因为开拓市场，维护客户关系的责任主要在一线业务员身上。所以，不同级别的员工，不仅考核指标不一样，指标的权重也不一样。

各层级绩效考核表设计流程如下：

第一步，将 KPI 指标按照层级进行划分。

首先确定公司级的 KPI 指标。公司级的 KPI 指标是从战略目标出发的，员工可以从战略目标中分析公司的管理重点，然后根据业务标准确定关键绩效指标，进而确定公司级的 KPI 指标。

然后，制定部门级的 KPI 指标和岗位级的 KPI 指标。各部门的管理者结合本部门的职责，根据公司级的 KPI 指标，明确团队工作流程中需要关注的重点要素，确定部门级的 KPI 指标。而岗位级的 KPI 指标，需要部分负责人和员工共同参与，结合岗位性质、职责，将部门级的 KPI 指标分解出来，将指标落实到每一个员工身上。

通过以上操作就能将公司级的 KPI 指标、部门级的 KPI 指标和岗位级的 KPI 指标联系起来，建立统一、有效的联动管理系统。

第二步，建立明确、具体的评价标准。

各级KPI指标确定以后，就要针对各级KPI指标建立明确、具体的评价标准，明晰指标的实现程度和完成时间等衡量标准。比如，设计人员的考核指标包括设计效果、设计进度、对接服务等。但是，如何判定“设计效果”是否达到了公司要求？这是很宽泛的概念，需要再做进一步说明：方案有新意、图案精美、注重细节、贴合公司营销主题等。如此一来，绩效考核人员就可以根据这些具体的标准对号入座进行考核。

另外，不同的层级要有不同的评价标准，同一层级则实行统一的评价标准。这样做是为了明确不同层级的职责，将绩效管理中不同的责任落实到对的人身上，以便发挥出绩效考核的最大效用。

第三步，根据各层级的职责，确定指标的权重及分值。

在明确了各层级的KPI指标和具体的评价标准之后，还要确定各层级的各个指标的权重及分值。这时候，绩效考核表格才算真正形成。

第四步，对考核表进行审核、完善。

为了确保考核表能够投入实际的考核工作中，还需要对考核表进行审核、完善。这样才能全面、客观地反映出被考核者的工作绩效，确保考核表的可操作性。

在设计各层级考核表的过程中，需要注意以下几点：

- 绩效考核表必须服从于公司统一的绩效管理制度；
- 同一层级的绩效考核表可统一；
- 初稿表格做出之后，要与各部门负责人、骨干员工进行讨论；
- 根据自身情况确定最适用的绩效考核表；
- 对绩效考核表的正确使用和填写方法进行培训。

总之，具体的考核表还要根据企业的具体情况和组织结构来设计。即使是参考其他企业的绩效考核表，也要针对本企业的实际情况进行修改、完善。

极简管理箴言

世间不存在万能的绩效考核表。

法则 39 重视绩效考核表的用语

绩效考核表是对员工的工作业绩、工作能力、工作态度以及个人品德进行评价和统计的表格，用来判断员工与岗位的要求是否相匹配。所以，大多数管理者在制定绩效考核表格时，在意的是绩效指标的来源、指标的定义、考核的流程等问题，却很少注意到绩效考核表的用语规范问题。在他们看来，设计绩效考核表格的关键是，是否能从表格中看出员工有无完成指定的任务，是否达成既定的目标。

在绩效考核表中，大部分的绩效指标可以量化，只需要在考核表上写明“得分”“成绩”。但是，有些指标需要通过简单的提问来考核，这时候就需要注意用语。例如，管理者想要了解被考核者是否具备协作能力，可以问“你是否在工作中协助过其他员工完成工作”或者“你是否得到过其他员工的帮助”等问题。这样客观的提问方式会更容易被接受并得到想要的答案。反之，如果表格上呈现的问题是“你有团队协作能力吗?”这种带着“质疑”性质的提问，那么容易引起员工的反感甚至抵抗。

此外，绩效考评中还有一个关键环节对绩效考评用语的要求非常高，就是绩效考评主体对考评者给出的评语。任何被考核者都希望考核结束后得到鼓励，如“希望你继续努力，早日实现业绩翻倍的目标”，而不是类似“问题太多，不提高绩效下次你就会垫底”的表达方式。前者的表达更专业，语言更积极，更能够让被考核者有信心继续努力工作，而后者用语显得“粗暴”，很容易引起被考核者的反感。

一般来说，绩效考核表的用语要遵循以下几点原则：

➢一致性；

➢精确性；

➢客观性；

➢数据性。

用语一致，既能体现绩效考核的公平，又能确保绩效考核的严谨。例如，销售团队的考核指标用语，“账款回收率”和“回款率”是同样的意思，但如果一会儿用“账款回收率”，一会儿用“回款率”，就会给人造成是两个指标的错觉，所以只能选择其中一个统一使用。

除此之外，还需要重视绩效考核表用语的数据性和精确性。例如，工作完成率99.8%。数据越精确，员工之间存在的差距就会越详细。这样能使他们更好地反思自身存在的问题。试想一下，如果考核表格用语都是“不错”“还行”“很好”“不好”等，那么考核的结果会是什么样？员工之间不会有明显的差距，因此，他们也很难做出行为上的改变。

绩效考核表的用语的客观性主要体现在态度指标的描述以及“评语”等内容的用语上。比如，遵守公司规章制度、工作积极主动、善于团结合作等。尤其是在写评语的时候，一定要客观公正，不能夹杂任何主观意愿，切记不要使用感情色彩过浓的词语，如背信弃义、盛气凌人、好吃懒做等。

总之，绩效表格的用语是绩效考核表中重要的组成部分，也是最直观的外在体现。如果绩效表格的用语很随意，会让员工误以为绩效考核不过是形式主义，不需要太认真对待。

极简管理箴言

绩效表格用语的规范，

体现的是一个企业对绩效考核的认真态度。

法则 40　奖惩设计必须导致正确的结果

绩效考核能够了解员工在考核周期内的行为表现，但这并非绩效考核的最终目的。它的最终目的是通过对员工的考核结果施加作用，引导和规范员工的行为朝着符合企业需求的方向发展。要想让员工的行为按照企业和管理者所期待的那样改进，就必须设计奖惩制度。通过对绩效考核结果优异的员工进行奖励，也就是正刺激，对绩效考核结果较差的员工施加惩罚，即负刺激，改进和提升员工的绩效。

几乎每个企业都设计了绩效奖惩制度，但是激励效果比较好的却寥寥无几，甚至不少员工一旦受到惩罚就会选择离职。根源就在于，企业设计奖惩制度的目的不对。设计奖惩制度不是为了让员工因畏惧受到惩罚而被迫努力工作，被迫提升业绩，而是通过奖励业绩出色的员工，激起其他员工的斗志，让所有员工都产生较强的内驱力，自觉自愿地朝着努力提升业绩的方向发奋、前进，从而形成良性竞争。

另外，奖惩制度的设计也要合理。比如，奖励不能采取“大锅饭式”的平均分配，而是应该用差异化替代普惠制，否则容易使表现突出的员工产生不公平的感觉。对员工的惩罚也不能超过员工的接受范围，否则，员工会因无力接受惩罚，而产生辞职的冲动和想法。

举个例子：

某公司销售部的绩效奖惩制度规定：每个月销售业绩排名前三的员工均获得 500 元的奖励；排名最后的一位员工罚款 500 元；若连续两个月排名垫底，则扣除当月工资。

这种绩效奖惩制度就无法导致正确的结果。如果前三名员工业绩差别比较大，获得的奖励却同样是500元，那么对于业绩突出的前两名员工，尤其是第一名员工而言，这种奖励措施就不太公平。这种“大锅饭式”的奖励措施会让他们失去争夺业绩第一名的兴趣和动力。而处罚制度又过于苛刻，如果有员工连续两个月业绩垫底，就会连基本工资都拿不到。且不说这是否符合法律规定，仅从员工心理承受角度来说，就容易产生“员工离职”的后果。

所以，在设计绩效奖惩的时候，一定要注意以下几个原则：

- 把握员工的心理需求；
- 奖惩要根据公司制度来设计；
- 跟随市场变化，以便后期调整奖励力度；
- 同职工的责、权、利挂钩，充分体现奖勤罚懒、奖优罚劣、按劳分配；
- 奖励比惩罚更重要。

在设计奖惩制度的时候，管理者必须先了解员工的心理需求，要知道自己团队的员工更倾向于哪种形式的奖励，是奖金还是晋升，或者个人成长。针对不一样的心理需求，设计不一样的奖励形式及制度。除此之外，一定要及时兑现奖惩，否则时间拖得太久会导致奖惩效果大打折扣。

极简管理箴言

奖励比惩罚更重要。

PART 3

绩效操作极简法则

很多企业的绩效管理，就是因为操作太复杂而导致无法顺利实施。为了不让绩效管理“死”在这个环节，管理者一定要简化操作流程。

温馨提示：扫描本书扉页或内文最后一页二维码，获取极简绩效管理实用表格、在线测试题等超值配套服务

法则41 将目标分解为具体的任务

企业制定目标是为了明确员工的努力方向，激发员工的工作动力。所以企业想要发展，目标就不能只是贴在墙上或者成为口号，而是应该真正落在实地。也就是说，要将目标分解成可以让员工去执行的任务。只有这样，员工才能更加明确自己的方向和具体行为，进而有效促进目标达成。

举个例子：

你想要健身塑形，那么“健身塑形”就是你的目标。如果你只是每天在嘴上说“我要减肥，我要塑形”，那么无论你说多少遍，都不会有任何效果。但是，如果你将“健身塑形”这个目标分解成具体的任务，如节食、锻炼等，这样，你就能明确达成目标的方法。更加明确自己每天应该做的事情，进而大大提高执行力，以促进目标达成。

企业在设定绩效目标的时候，也是同样的道理。要想提高执行力和目标达成率，就需要让那些看上去“高不可攀”“无法完成”的目标，变成一个个可以具体执行的任务。

将目标分解成具体的任务要注意以下几点：

- 明确企业目标、部门目标、岗位目标和个人目标；
- 将目标转化为具体的指标任务；
- 明确各层级需要达成的指标任务；
- 将指标任务转化为具体的行为；
- 明确到个人行为。

将目标分解成具体的任务，并不是简单地将目标分解开。例如，某销售部门月销售任务是20万元，团队一共有10个员工，管理者就给每个人定2万元的月销售任务。这样做就是把目标分解成可以完成的任务了吗？显然不是。

目标和任务是不同的概念。目标是以结果为导向，而任务是以过程为导向。在上述案例中，团队每月的销售目标是20万元，每个人每月的销售目标是2万元，这都是以结果为导向的目标。所以，上述目标并没有分解成具体的任务，只是将目标细化了。而要提高员工的执行力，就必须将目标分解成可以具体执行的任务。例如，每个人要实现2万元的目标，需要开发多少新客户以及通过哪种渠道开发新客户等。

也就是说，只有将目标分解成员工可以具体执行的行为才算真正分解到位。否则，目标依然是高高在上的，难以落到实处。

极简管理箴言

让目标落地的最好办法，
就是锁定员工的具体行为。

法则 42 针对每项任务制订具体计划

不少管理者认为，已经将目标分解成具体的任务了，能不能达成任务就是员工自己的事情了。他们忽略的是，任务虽然具体了，但是没有明确的计划，员工的执行力也会降低，导致任务无法完成，目标难以实现。只有制订了具体的计划，员工才能做好每天的工作安排，更有动力去做好任务，实现目标。

同样以“健身塑形”为例。为了实现这个目标，你将目标分解成具体可执行的任务，如“跑步”“节食”“去健身房”等。如果没有明确的计划，那么可能就会出现这种现象：第一周，早起跑步半小时，下班后去健身房锻炼；第二周，坚持早起跑步半小时，但由于工作一天比较辛苦，就没有去健身房锻炼；第三周，感觉一个人坚持早起跑步，去健身房锻炼有点困难，干脆放弃了“健身塑形”这个目标。

在这个案例中，“健身塑形”的目标只坚持了三周就被放弃。这是因为，你只是把“健身塑形”的目标分解成“跑步”“节食”“去健身房”这三个任务，却没有进一步根据这三个任务制订具体的可执行的计划。任务只能确定目标实现的渠道，并不能将目标转化为实际行动。如果根据任务制订了每天定时、定点去完成的计划，这便将“虚”的任务转化成“实”的具体行动。

同样的道理，在实现绩效目标的过程中，如果我们只是简单地将目标分解成具体的任务，而没有制订一个完整的计划，那么目标显然是不可能顺利完成的。因为没有计划，我们就难以进行自我管理和约束，很有可能出现半途而废的情况。

为了达成目标，要从以下几点着手，针对每项任务制订具体的计划：

➢明确任务；

➢了解员工当前的个人情况，如员工的工作能力、执行力；

➢根据任务需要和个人能力，制订详细的计划；

➢在实践中，进一步修订和完善计划。

制订的计划要切实可行，确保计划的可操作性。

再以上文提到的“健身塑形”案例为例。要想达成这个目标，分解出的任务是“跑步”“节食”“去健身房”。那么，为了有效执行这些任务，就需要制订具体的计划。例如，每天早上六点起床跑步，每顿饭都控制自己的食量——七分饱即可，晚上下班后去健身房锻炼一个小时等。

这个计划不但具体，而且是可以通过具体的行动实现的。只要我们严格按照计划执行任务，完成目标就指日可待。

另外，制订计划不是管理者一个人的事情，一定要确保员工清楚并接受这个工作计划。很多管理者在给员工安排具体的任务之后，会按照自己的想法制订计划，结果员工根本没有按照计划执行，或者只是做做样子。这主要是因为员工并不认可、接受管理者制订的计划，甚至对计划产生了抗拒心理。因此，管理者要就如何完成任务这件事跟员工沟通，了解员工的想法，然后给员工提供自己的意见，促成双方达成一致意见，确定最终的计划。

此外，管理者还需要清楚地知道，员工目前的能力跟任务要求是否匹配，即要根据员工当前的情况、个人能力来分配具体可执行的详细计划。超出员工能力范围的计划，不仅会让员工无法实现，还会打击员工的积极性、自信心，更会因为这位员工“拖后腿”，拖累整体计划完成的进度。

最后，管理者要对员工执行计划的过程进行监督。一旦发现问题，就要及时跟员工沟通，并改进计划，确保任务能够顺利进行并完成。

极简管理箴言

按照计划做好每一步，

目标达成便是自然而然的事了。

法则 43 给第一线员工授权

企业的一线员工是跟客户直接接触的人，也是第一时间为客户解决问题的人。如果一线员工没有一定范围内的权力，就会导致很多后续工作无法有效开展。比如，反馈问题时需要将客户的问题上报给自己的直接上级，然后上级还要上报给更高的上级。等到解决方案下来的时候，客户早就失去了耐心。所以，给一线员工授予一定的权力，是提高绩效管理效率必须要做的事。

对一线员工授权不是只将权力授予员工，而是将跟一线员工有关的、必要的权力、信息、知识赋予员工的同时，让一线员工发挥主观能动性，积极地投入工作中。简单来说，授予一线员工权力，是为了让员工更好地发挥自己的能力，而不是让员工滥用权力。

业务部小李正在跟一个客户洽谈一个新产品的合作项目。部门领导周总跟他强调："一切以顺利签下合同为先，你在谈判的时候可以见机行事。"结果在谈判现场，对方一直压价，场面一度十分尴尬，谈判进度难以推进。小李为了拿下这个项目，就"见机行事"，答应了客户的压价——低于报价一倍的价格。小李满怀欣喜地将这个消息汇报给周总，周总却瞬间变脸。原来，要完成这个项目需要投入大量的人力、物力和财力，现在这个价格别说赚钱了，能做到不亏损就不错了。周总十分生气："这个价格你是怎么敢做决定的?"小李很委屈地说："当时是您说只要能拿下这个项目就可以'见机行事'，没有说其他的。"

在该案例中，领导授权的时候用"见机行事"就不够具体，结果导致小李滥用权力，造成了难以挽回的后果。

所以，授权给一线员工时需要注意以下几点：

➢明确给员工授权的目的；

➢清楚地知道授权会带来哪些风险，并在授权之前为授权风险做好备案；

➢评估一线员工是否具备被授权的条件，确定被授权对象；

➢明确授权范围；

➢授权之后注意进行监督，及时给员工提供帮助。

盲目授权很可能会导致员工在行使权力的过程中，出现滥用权力的情况。这样不仅不利于被授权者发挥自己的能力，反而会对其他员工造成不好的影响，甚至会让员工认为，授权有“黑幕”，进而会对管理者和企业失去信心，严重影响企业的绩效。

此外，要确定被授权对象。并不是任何一个员工都能被授予权力，这就需要管理者对员工深入了解，并评估员工是否具备被授权的条件，然后再确定被授权对象。如果选择被授权对象错误，就好比结婚选错了人，难以获得真正的“幸福”，甚至还会带来更多的麻烦。

授权是一把双刃剑，它虽能激励员工，但也存在一定的风险。为了规避风险，管理者要明确授权范围，不能将所有的权力都授予员工。要根据员工的具体工作情况和需要，确定授权范围。比如，对于销售人员，管理者授权的时候，要授予明确的价格范围。在这个范围内，员工可以根据实际情况，行使自己的权力，给出合理的价格。

授权之后，还要做好跟踪监督工作，以便及时发现存在的风险，应对风险。但是同时，管理者也应该相信被授权的员工能够把事情做好。在对他们进行监督时，重点关注的是他们行使权力的过程，而非控制员工。既然选择了授权，就要放心让员工去做，让他们的能力能够得到最好的发挥。

极简管理箴言

给员工更多的“自由”，

相信他们可以发挥出更大的潜能。

法则44 让信息形成循环流动

简单来说，绩效管理的过程其实就是一个不断发现问题，准确获取解决问题的方案，并把适用的解决问题的方案付诸实施的循环过程。它包括绩效计划、绩效考核、绩效反馈、绩效辅导等环节。上一个环节必须确保把本环节的信息准确、及时地向下一环节传递。否则，各个环节之间会因为信息的错位、丢失、误解而导致连接不上，造成绩效进程难以顺利推进。

要想确保绩效管理顺利实施，就必须让绩效信息形成循环流动。

在绩效管理工作中，信息的流动，能够确保企业绩效管理各个环节顺利实施，为绩效提升和改进提供依据。

举个例子：

绩效考核结束以后，考评者要根据考核结果撰写考核报告，反馈给管理者。管理者从考核报告中能够了解本次考核中发现的问题，然后根据这些信息做好下一步工作的安排。比如，绩效面谈、绩效辅导、绩效改进等工作。如果这些信息不能及时传递给管理者，那么，管理者的后续工作也就无法开展，绩效管理的某几个环节的工作就中断了。

在绩效管理的实施过程中，如何让信息形成循环流动？需做好以下几项工作：

➢将信息循环流动纳入企业文化，强调管理者和员工要及时沟通，及时反馈问题；

➢确定信息传递方式，如在线聊天、周例会等，让管理者和员工有渠道传递信息；

➢规范并精简信息传递流程，如团队出现问题，要分清哪些要向团队管理者反映，哪些应直接向部门经理甚至更高层管理者反映，避免信息传递混乱，导致出现信息误差；

➢确保绩效管理的每个环节都有相关负责人，负责收集和统计信息，然后有效地传递信息。

绩效管理对信息的要求是：及时、准确、适用。

在实际的绩效管理中，很多管理者只在绩效考核后跟员工进行沟通，了解员工的相关信息。对于绩效考核之前的问题并没有及时进行跟踪反馈，导致诸多问题发现得太晚，没有及时得以解决，进而使绩效管理实施举步维艰。

要想及时发现绩效管理过程中存在的问题，管理者要时刻关注信息的流动，从绩效管理实施环节开始，就建立各种模式的沟通渠道，并打通各层级的渠道，让部门之间、管理者之间，甚至员工之间都能够建立联系，实现及时、有效的信息传递。

通常，会议是很好的绩效沟通方式。会议能够将员工集合在一起，让团队的信息全方位地流动起来。比如，通过在会议上的直接交流，员工之间能够相互答疑解惑，进一步确定工作计划；员工之间的误会也能在会议上当面解释，从而冰释前嫌，使员工之间的关系更加紧密团结。除此之外，内部沟通还有一个简单却能获取更多信息的方法——管理者要站起来，多走一走，实地了解员工的工作情况。

如果信息不能循环流动，绩效管理就成了一个个独立的小环节，上一个环节的工作成果就无法向下一个环节顺利传达，进而影响下一个环节的工作。部门也会形成独立的、闭关锁国的“小王国”，管理者和员工之间也会因为缺乏信息的传递，变成“上令下不达”、员工自由工作的局面。所以，信息一定要形成循环流动，让绩效管理的每一个环节都能连接上，让组织的每一个人都能团结起来，进而促进绩效管理顺利实施，绩效目标顺利达成。

极简管理箴言

如果信息不能循环流动，

绩效管理就成了“一潭死水”。

法则45 有规律地记录员工的表现

为了能够公平、公正地对员工进行考核，管理者在绩效管理实施的过程中，要保证有规律地记录员工的表现。如果员工的表现不能被正确、客观地记录，就会干扰到管理者对员工的考评，导致管理者无法准确了解员工出现的问题，更无法为员工提供切实有效的帮助。

有规律地记录员工的表现，体现在四个方面：记录员工表现的时间有规律、记录员工表现的方式有规律、记录员工表现的人员有规律、记录员工表现的内容设置有规律。

因此，管理者在记录员工表现的时候，需要做好以下一些关键工作：

➢设置合适的记录员工表现的时间和频次；

➢确定需要收集和记录的具体内容；

➢挑选合适的记录人员，并做好记录人员的轮岗安排；

➢为每个员工建立表现档案；

➢利用关键事件记录法，记录关键绩效表现。

记录员工的表现，首先需要观察员工，收集数据。但并不是所有和员工有关的信息都要收集，因为大幅度、大范围地收集，不仅会耗费大量的时间和精力，还会因为信息过多而造成困扰。因此，在收集信息之前，管理者要明确知道需要收集和记录哪些内容。例如，如果是为客户提供服务的部门，那么要收集的就是员工为客户提供服务过程中的关键信息。

虽然明确了需要收集和记录的内容，但是要从哪里获得关键信息呢？不少管理者采取的做法是，时刻围绕在员工周围，观察员工的行为，并及时记录员工的表现。但是这种做法很容易让员工误以为管理者是在监督自己，进而产生反感情绪。因此，在收集数据和相关信息的时候，管理者要找到合适的渠道和方式。信息主要来源于直接客户、员工个人、管理者自己和部门的其他员工。一般来说，获取信息的方式有面谈、在线聊天、会议、邮件、电话等。例如，某团队的管理者想获取员工服务态度方面的相关信息，那么可以通过给员工服务过的顾客打回访电话的方式进行询问，如“上次的服务您是否满意?”“员工服务态度如何?”“是否有问题没有解决?”等。通过电话询问客户的方式，可以很直接地获取员工在服务过程中的相关信息。

信息收集的频次和时间也要合理设置。如果观察、记录员工表现的时间设置得不合理，会引起员工的不适，甚至会因管理者妨碍到员工的工作，导致员工心存不满。设置记录信息的时间，一般要根据员工的工作性质而定，像销售这种信息变化比较大的岗位，记录信息的时间比较短。同时，不同的信息渠道，记录信息的时间差别也很大。例如，在线沟通收集信息比较方便，可以设定为当天收集并记录信息；面谈过程产生的信息更全面，可以设定半个月或者一个月一次；而电话回访客户则不易太频繁，一般设定为两个月左右一次为宜。

记录员要挑选身份中立且为人处世公平、公正的人员。要避免记录人员出于私人情感，在记录员工表现时掺杂个人偏好，导致记录的信息有失偏颇。

最后，要为每个员工都建立一个绩效表现档案，把平常关于员工表现的记录进行整理、归档。档案最好包括以下内容：员工是否达成了目标、员工的哪些行为受到了批评或者表扬、员工工作绩效低下或者突出的原因是什么、能够帮助员工解决问题的依据是什么、与员工就绩效问题的谈话记录、关键事件的相关数据等。

一般这种档案都是以记叙的形式呈现。记录员只需要实事求是地描述事情的经过，实事求是地记录员工的表现，不需要任何修饰或者解释。因为一旦有任何修饰和解释，就会对考核结果造成影响。例如，管理者记录：员工在某天上班的时候不认真，所以当天的绩效成绩没有达标，具体数据是……

员工是否认真？这只是管理者根据绩效成绩，自己做出的判断。这种判断显然是带有个人主观意识的，无疑会对员工的考核结果造成不利影响。

此外，在绩效管理的实施过程中，难免会出现影响较大的事件。这个时候，对于导致这一事件发生的员工，就要通过关键事件记录法来记录其绩效表现。

一般来说，关键事件记录法记录两种事件：一种是表现特突出，另一种是造成了异常失误。例如，员工喝醉酒，跟客户发生冲突。当此类事件发生的时候，管理者要准确记录事件发生的时间，并详细记录事情的经过，以及事件处理的方案及过程。管理者要注意，一定要采用客观的描述性语言，确保能够准确、客观地呈现当时发生的事情。

关键事件只是考核依据之一。管理者在对员工进行考核的时候，不能完全依赖关键事件，还需要参考员工的其他行为表现。

通过有规律地记录数据，能够让绩效考核更加公平和公正，以此得到员工的认可，推动绩效管理顺利进行。

极简管理箴言

要发现员工的绩效规律，

必须要有规律地客观地记录员工的行为表现。

法则 46 第一次就保证质量

质量管理大师克劳斯比曾在项目质量管理方面倡导一个重要的理念：第一次就把事情做对。该理念的基础是采取合理的方法，配合有效的管理工具，实现零缺陷。克劳斯比认为，对企业而言，真正费钱的是没有第一次就把事情做对。在该理念的倡导下，不少企业开始注重质量，“零缺陷”已经成为国际众多卓越企业的工作标准。

所谓“第一次就把事情做对”，我们可以理解为“第一次就保证质量”，做到零缺陷。

“第一次就保证质量”要求员工在首次完成任务时，就把任务“做到位”，避免返工。在实际工作中，不少员工会抱着“差不多”的态度去执行任务。他们认为，事情做得差不多就可以了，如果领导觉得还不满意，大不了再改，反正不管做得好不好，领导都会挑出毛病来。

大多数员工会重视完成工作的速度，忽视工作的质量。因为如果没有完成任务，肯定会被领导批评。但是完成任务了，质量也尽力保证了，领导就不能再说什么了。这种态度会导致不断出现问题，不断返工，进而影响整个团队和企业的绩效。为了改变这种散漫的工作态度，管理者不仅要把“第一次就保证质量”的意识深植于员工的心中，还要通过明确的制度规范员工的行为，让员工重视“质量”。

要想让员工真正做到“第一次就保证质量”，必须做好以下工作：

➢定期宣传，让员工明白“第一次就保证质量”才是高效率的工作方式；
➢建立“工作质量”的完成标准，让员工清楚掌握衡量工作质量的标准和要求；

➢不断培养员工的专业知识和技能，确保员工有能力做到“第一次就保证质量”；

➢对“第一次就保证质量”的员工采取奖励措施，形成正面引导作用；

➢建立“质量问责”制度，对于多次无法达到质量要求的员工进行追踪、原因分析，并问责。

“第一次就保证质量”，首先要求员工“做正确的事”。只有确保员工的工作是有效的、正确的，才能避免因工作方向错误而导致的质量问题。

其次，管理者给员工安排工作任务时，要明确此项任务的质量标准，并向员工仔细说明，要求员工在工作过程中时时刻刻按照质量标准进行自我检测。比如，安排员工写一篇新产品商业文案时，明确告诉他标准是错别字不超过3个，逻辑严谨，无语病，语言风格有趣，产品特点的描述要鲜明等。这样，员工尚未开始工作就已经知道自己需要注意哪些问题，朝哪些方向发力，以确保“第一次就保证质量”。

拥有专业的知识和技能，也是确保“第一次就保证质量”的关键。比如，要想保证门店销售员对顾客的服务质量，门店管理者就要对店员进行产品相关知识、销售技能等培训。

最后，一定要建立明确的质量奖惩制度，即根据质量标准对员工的最终工作成果进行检验，达到标准给予奖励，没有达到标准则进行惩罚。奖惩要全面公开，让团队所有员工明确知道，什么样的工作才是“保证质量”的，进而形成引导作用。同时，还要帮助未达到标准的员工找到影响工作质量的根源，并辅助其进行改进。

长期坚持“第一次就保证质量”，不仅能够提升团队的工作效率，强化员工的能力，还会成为企业不断发展进步的源动力。

极简管理箴言

第一次就保证质量，

是确保绩效结果有效性的重要条件。

法则 47 有效率地工作

效率，是指在进行某项工作的时候，取得的成绩与所用时间、精力、财力等的比值。一般来说，产出大于投入是正效率，产出小于投入就是负效率。要确保有效率地工作，就要不断提高正效率。

一个人工作能力的高低，主要取决于他能否有效率地完成工作。

领导将同样一件事情交给甲、乙两个员工去做，并要求他们在两天之后完成。员工甲拿到任务后，与领导做了进一步沟通。针对任务中的难点向领导进行咨询和求助，并向身边有经验的同事请教完成任务的方法。然后，他才开始工作。第二天，员工甲顺利完成任务，并得到了领导的夸奖。

员工乙拿到任务后，立即着手工作。在工作中，员工乙遇到了各种问题和困难，但他认为向人请教“丢面子”，所以，即便工作比较吃力，他仍然坚持独自完成。第二天，到了汇报工作结果的时候，员工乙还沦陷在某一问题中一筹莫展。

甲、乙的工作效率可谓天壤之别。其中除了能力上的差异，更重要的是工作方法的差异。工作效率是管理者和企业最为重视的问题，想必任何组织都会欢迎甲这样的高效员工。

相同时间内，能够高效完成工作的人，对企业来说就是一种核心竞争力。而效率低下的人，对企业来说，很可能就是一种“隐患”。

要确保员工有效率地工作，管理者在进行绩效跟进时要做好以下工作：

➢激发员工的工作热情；

➢设定合适的目标；

➢帮助员工寻找最佳的工作方法；

➢提供适当的工作工具；

➢引导员工主动向别人请教；

➢强调劳逸结合。

要想让员工有效率地工作，首先，要激发员工对工作的热情。例如，承诺给予员工一定的奖励，或者让员工自主选择自己喜欢的工作任务。其次，管理者在给员工设定目标的时候，一定要确保目标是合适的，方向是对的。否则，目标过大或者目标太容易完成，都会对员工的工作造成困扰，进而影响工作效率。

那些工作效率高的员工，除了有热情和目标，还有一个共同特点——找到了适合自己的工作方式。其实大家的智力差别并不大，真正拉开差距的是工作方式。找到了适合自己的工作方式，工作效率就会突飞猛进。如果员工没有找到适合自己的工作方式，那么无论再怎么努力效率也很难得到有效提升，甚至会造成对工作产生厌倦的心理。

一个文案新手为了赶文案经常加班到深夜，甚至放弃了周末的休息时间。他自认为写出的文案创意满满，但却依然无法满足领导的要求。他感觉自己都快累死了，付出和收获根本不成正比。时间长了，逐渐心生不满，他便想辞职。

这样的场景几乎在每个团队都出现过。我们能说这样的员工不够聪明、没有能力吗？不是，是问题显然出在了工作方式上。作为文案，没有和产品生产、销售部门做好沟通，了解工作方向和要求，一味埋首苦写就只能是在做无用功。

在任何一个团队，每个人都有属于自己的职责范围，也都有适合这个职责的工作方式。要确保每个人都有效率地工作，帮助他们找到适合自己的工作方式就变得非常重要。

同时，适当的工具也能够帮助员工实现事半功倍。就像农民收麦子之前一定会找一把顺手的镰刀，还会确认这把镰刀足够锋利。这些都是保证后期工作效率的前提。同样，员工在开始工作之前，也要先找到能够帮助自己提高效率的工具。比如，设计人员要确认电脑速度是否够快、设计软件是否齐全等；销售人员要确认客户资料是否充足、相关表单是否备齐等。

最后，想要产出大于投入，除了要努力付出，还要保持劳逸结合。过于疲惫的身体和精神，一定会影响工作效率。因此，管理者既要关注工作，也要关心员工的情绪和身体状态，让员工能够以良好的状态更好地投入工作，进而提高工作效率。

极简管理箴言

没有效率的工作，

只是在增加公司的运营成本。

法则48 绩效汇报可视化

很多员工和管理者仅仅将绩效汇报视为一次简单的反馈工作。

在绩效汇报的过程中，员工只是向管理者陈述自己绩效存在的一些问题。管理者也只能根据员工的陈述，给出相应的解决方法。但是我们会发现，这种无法“看见”的汇报，既不能让员工清楚、全面地知道自己存在的绩效问题，也无法让管理者深入了解员工在绩效考核这段时间的真实表现。因此，要想真正发挥绩效汇报的效用，除了陈述之外，还要做到可视化。

绩效汇报可视化，是指通过一些可视化的方式，让管理者和员工双方都能“看见”绩效结果。要做到可视化，就要从以下几个方面努力：

- 尽可能使用数据表达结果或效果；
- 少用陈述，多用图表；
- 描述过程的时候，多使用场景化语言。

数据能够精准、简洁地呈现出你想要说的内容。当然，不是所有的数据都要堆砌在绩效汇报中，这样只会给绩效汇报造成干扰，导致无法精确传递绩效信息。所以，在做绩效汇报的时候，首先要找到重要数据，其次要准备好数据的背景资料，也就是明确数据来源，以此确保数据的真实性和可靠性，为后期绩效改进提供充足的依据。

数据化能够让绩效汇报更加具体、简洁、有说服力，但是单单列举数据，依然不能给人以强烈的视觉冲击，还要适当地使用一些图表。例如，支付宝记账本有一个类别报表，是以饼状图的形式呈现的。该饼状图分为好几个区域，如餐饮、交通、电话、购物等，通过这些区域的大小，我们能够一眼分辨出自己在哪个方面花费的钱比较多（参见图3-1）。如果支付宝只是陈列出一堆数据，我们很难一眼看出自己当月的消费情况。所以说，绩效汇报可视化不仅要会用数据，还要学会选用恰当的图表。

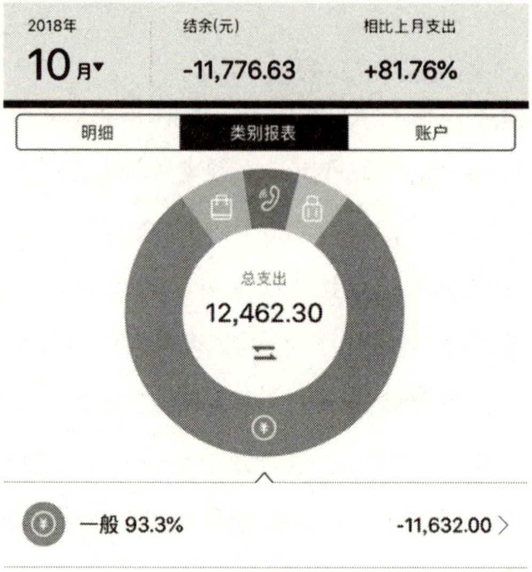

图3-1　支付宝消费类别报表图

在绩效汇报的时候，员工要根据数据的特征，选用合适的图表呈现。图表是图和表的统称，一般包括表格、柱形图（直方图）、折线图、饼图、条形图、雷达图等。近年来比较酷炫的图表有词云、漏斗图、数据地图、面积图、计量图等。不同的图表适用的场景也不同（参见表3-1）。

表3-1　图表类型和适用场景分析表

图表类型	适用场景
柱形图	比较数据之间的多少
折线图	反映一组数据的变化趋势
饼图	反映相关数据间的比例关系
条形图	显示各个项目之间的比较情况，和柱状图的作用类似

续表

图表类型	适用场景
雷达图	适用于多维数据（四维以上），且每个维度必须可以排序
词云	显示词频，可以用来做一些用户画像、用户标签的工作
漏斗图	适用于业务流程多的流程分析
数据地图	适用于有空间位置的数据集
面积图	强调数量随时间而变化的程度，也可用于引起人们对总值趋势的注意
计量图	一般用来显示项目的完成进度

这些图表在一些排版、设计软件，如 Word、PowerPoint、Excel 等中都可以直接建立，不需要专业的技术，一般的工作人员都可以熟练掌握。

此外，图表的颜色也需要简单明了，避免喧宾夺主，影响管理者的注意力，降低绩效汇报效果。一般来说，选用一种颜色，然后利用深浅变化作对比即可。如果要对比的项目过多，可根据需要选择几种对比比较强烈的颜色。

在大部分人看来，绩效汇报能够做到数据化和图表化就足够可视化了。但是他们忽略的是，数据和图表并不能全面地展示绩效的内容，完整的绩效汇报需要书面和口头相结合。所以，绩效汇报可视化，除了要数据化、图表化，另外还需要做到口头表达的场景化。

何为场景化？就是在对绩效产生的过程和结果进行描述的时候，尽可能使用一些场景化语言。例如，绩效汇报上呈现的数据是 80 分，考核项目是方案设计。如果单单看数据，管理者很难知道这个 80 分究竟是如何产生的，该方案到底是好还是不好。但是，如果配上场景化的描述：该员工在规定时间内完成了方案，只是方案的创意点不是很突出，修改了一次，最后顺利通过。这样一来，管理者就能清楚地“看见”这个 80 分背后的原因，也能更清楚地知道员工的问题和优势，进而能够提供有针对性的改进意见。

以上三种可视化的技巧既可以单独使用，也可以同时使用。目的只有一个：最大限度发挥绩效汇报的作用，让每个人都清楚看见绩效过程和结果中的功劳、苦劳以及需要改进的问题。

极简管理箴言

可视化是一个很重要的技能，
它能帮助你从多种角度观察绩效过程和结果。

法则 49　汇报要引发行动

绩效汇报的最终目的是引发行动。具体来说，管理者要通过绩效汇报，将员工在绩效工作中存在的问题进行反馈，并鼓励和激发员工改进绩效的欲望，进而引发改进行动。

管理者往往会通过绩效汇报指出员工的问题，并责令员工赶紧行动，改进问题，提高绩效。但很多时候，绩效汇报结束后，员工看似听从领导的话，积极行动，改进问题。但是管理者很快就会发现，这种看似“积极”的行动，其实并未产生有效的行为效果。以前出现的问题依然存在，绩效仍然没有多少提升。

导致以上问题的原因，并非员工能力不足，而是因为绩效汇报的目的不对。传统的绩效汇报，相当于“问题批判大会”，员工为了不被责骂，迫于外在压力只能被动接受管理者的工作指示，因此，他们并不会主动积极地去改进问题。

举个例子：

某位员工在上个月的绩效考核中排名最低。管理者在绩效汇报的时候很严厉地说：“你这次绩效排名最低，自己赶紧想想是什么原因。希望你能及时明确自己的问题，并作出改进。下次绩效考核如果你还是垫底的话，就说明你可能不太适合这份工作。”显然，一般人听到管理者这样说，自尊心和自信心都会受到打击，也许不用等到下一次，员工就迫于压力主动提出离职了。

如果管理者这样说：“从你的绩效成绩中，可以看出你已经很努力了。但是，成绩还是不理想。问题主要在于……（描述问题），我的建议是……（给出建议）。我相信你的能力远不止于此，只是没有找到明确的方向和合适的工作方式。特别期待你在下次的考核中能取得突飞猛进的成绩。”相信员工听完这番话后，内心会很受鼓励，改进绩效的欲望和动力也就非常强烈，不用管理者督促，他就会自觉行动起来。这种绩效汇报才真正达到了目的。

在绩效汇报中，管理者如何做才能引发员工的行动？以下几点，应格外注意：

➢肯定员工的贡献，避免员工将“绩效汇报”误认为是“问题批判大会”；

➢用描述性语言说明员工存在的问题，并突出强调该问题的重要性，或者会导致的负面结果，引起员工的高度重视；

➢给出自己的建议，并跟员工进行探讨，确定最终改进问题的方法；

➢描述问题改进后，在未来会达到有效成果的场景，激发员工的改进欲望；

➢表达对员工的期待，让员工产生内驱力；

➢用语言的力量，号召员工行动起来。

真正意义上的绩效汇报，不只是汇报问题，也不是一连串的数据展示，而是要通过这些问题和数据引发行动。任何绩效问题，只有让员工积极主动行动起来，才能得以快速高效地解决，绩效管理工作才能得以顺利进行。

极简管理箴言

引发行动的关键是，

激发员工内在的动机和欲望。

法则50 及时提供反馈意见

绩效反馈是绩效管理中一个重要的环节，是指将绩效考核和绩效评价的结果反馈给评估对象，并对评估对象的行为产生影响。

在传统的绩效管理中，管理者的反馈常常是根据绩效考核的周期来定的。比如，绩效考核周期是一个月，那么在这个月中，出现任何问题，都要等到一个月后才能得到管理者的反馈意见和解决方案。这种不及时的意见反馈就导致了问题长期得不到解决，“因小病而成大患”。最终，不仅阻碍了员工的工作进度，还会影响整个团队的进度。

举个例子：

很多人希望通过减肥来塑造完美体形，磨炼意志力，重拾自信心！但在减肥方式上，有些人因害怕别人的嘲弄，选择默默减肥；而有些人则会选择去健身房，挑选一个合适的教练。

两者的区别在于：专业的教练除了会为你量身订制减肥方案，还会在你执行方案的过程中，及时对减肥效果作出反馈，同时不断调整方案。而那些选择独自默默锻炼的人，可能会因为无法及时得到专业的反馈，一些错误的甚至伤害身体的锻炼方式和动作就无法得以及时纠正，效果会事倍功半。

在绩效反馈工作中，员工同样需要及时得到管理者的反馈，让问题得以及时解决，改进绩效。想要及时为员工提供反馈意见，管理者要做的是：

➢打通沟通渠道，让信息流动起来；

➢鼓励员工遇到问题主动向上级反映；

➢全程跟进员工的工作，及时发现并反馈问题；

➢减少反馈环节，让反馈信息能直接、准确地传递给员工。

反馈是一个双向的过程。员工要向上级反映问题，管理者也要向下级传达意愿和建议。因此，为了上下级之间能够及时反馈，就需要打通沟通渠道，让信息流动起来。例如，建立微信群、QQ 群等在线沟通渠道，一旦出现问题，便可以第一时间在线沟通。

很多员工因为害怕被管理者责备，遇到问题时不敢主动反映，导致把小问题拖成大麻烦，最后难以解决。为了让员工主动、及时地反映问题，管理者除了要不断鼓励他们，还要在接到员工反映时，尽可能客观描述员工存在的问题，而不是进行判断或批评。同时，及时针对问题给出解决方案并大力支持这种反馈行为，能够让员工意识到及时反馈工作的重要性。

反馈是一个长期持续不断、时时都在进行的行为。及时给员工反馈，不仅能帮助员工及时解决问题，减少企业和员工的损失，还能让员工更好地接受自己最终的评价结果。因为只有及时反馈，员工才能知道自己存在的问题，那么，最终的考核结果是什么样的，他们自然也会做到心中有数。

极简管理箴言

不要把一月的绩效问题留到十二月再反馈，

那样你将失去 11 个月的利益。

法则51 对不合格员工进行培训

绩效考核结果出来后，管理者会发现，很多员工的绩效无法达到考核标准，绩效成绩不合格。面对这些不合格的员工，管理者要如何做呢?

大多数管理者采取的做法是，对这些员工进行责骂、惩罚，然后把他们召集在一起，进行集体培训。很快，管理者会发现，在下一次的绩效考核中，绩效不合格的仍然是这些人。所以说，这种集体的培训形式不仅无法让不合格的员工合格，反而会增加企业的成本。此外，让管理者容易忽略的是，在这些不合格的员工中，还存在一些无论怎么培训都无法合格的员工。

要想确保培训效果，首先必须对员工为什么绩效不合格进行深度分析。一般来说，员工绩效不合格的原因无外乎两个：一是态度，二是能力。我们可以根据这两个原因，建立一个员工胜任力模型，参见图3-2。

能力高	激励	慎重选择
能力低	重点培训，提升能力	直接淘汰
	态度好	态度差

图3-2 员工能力—态度四象限分析图

从图3-2的四个象限可以看出，员工在能力和态度上会有四种表现：能力高态度好、能力低态度好、能力高态度差、能力低态度差。

首先，能力高、态度好的员工也会出现绩效不合格的情况，当然这种情况是少数。主要原因是内部激励措施做得不好，或者人岗不匹配。对于这类员工，管理者要加大激励力度。如果是因为岗位不匹配，就要根据员工的能力和优势，调整合适的岗位。

其次，对于能力高、态度差的员工要慎重选择。这类员工能力强，但是他们没有责任心，不愿意主动为团队付出，做任何事都要领导督促。面对这类员工，管理者要谨慎选择，如果其态度极其恶劣，没有丝毫改变的意愿，管理者可以直接放弃。如果态度不是十分恶劣，就要通过职业素养培训，改变其态度。

再次，对于能力低、态度差的员工要直接淘汰。这类员工属于混吃“大锅饭”类型。他们工作能力差，工作态度也是随便做做、能糊弄过去就行。很多管理者面对这类员工不敢直接淘汰，因为觉得招聘工作不好做。但是如果一直留着他们，只会给企业增加更多的成本，反而得不偿失。

最后，对于能力低、态度好的员工要重点培训。这类员工往往在工作中兢兢业业，愿意听从领导的安排，但是工作能力稍微差了点。只要给他们提供针对性的培训，提高相关的工作能力，他们的绩效就会突飞猛进。

所以，对绩效不合格的员工进行培训，更多指的是对“能力低、态度好”的员工进行培训。虽然这类员工一般都愿意接受培训，提高工作技能，但也会存在个别不愿意接受培训或者对培训认知有误的员工。所以，在对他们进行培训之前，要做好以下几项工作：

- ➢对员工培训需求进行调研；
- ➢找出员工能力的短板；
- ➢提高员工接受培训的意愿；
- ➢向员工说明培训的目的和目标；
- ➢跟踪培训效果。

对绩效不合格的员工进行培训，要求管理者要深入了解员工绩效不合格背后的真实原因，然后将相同原因的归为一类，为他们提供有针对性的培训。

极简管理箴言

对绩效不合格的员工进行培训，

一定要做到有的放矢。

法则 52　从根源减少绩效考核误差

所谓绩效考核误差，是指考核结果的准确性与实际存在一定的误差，对员工业绩的优劣判断失真，难以为员工的晋升、奖金发放、培训等提供有效的依据。

在绩效考核环节，难免会因为各种各样的原因，如工作内容的变化，考核水平、技术等因素发生变化，导致考核结果出现误差。从考核者的角度来说，绩效考核产生误差的原因一般有两种：有意识的和无意识的。

有意识的误差与考核者的动机有关。比如，考核者因情感因素、功利因素，有意抬高或压低被考核者的考核等级、分数，或者考核者为了避免遭受质疑，总是给出处于中间的平均分。

无意识的误差往往是因为考核者根据不准确的信息做出判断或者是产生认知偏差造成的。比如，晕轮效应。考核者因为无法区分绩效的不同方面，所以对被考核者某一绩效要素评价较高，进而把这种印象延续到其他因素上，对被考核者的其他绩效要素也给出高评价。

一些管理者认为误差是难以避免的，即使有一些小误差也不会对工作产生太大的影响，于是就选择“视而不见”。但是小的误差一旦积压到最后，可能就会成为不可收拾的大问题。这样不仅对员工的考核不公平，对企业来说，也无法准确评估员工的能力，给员工提供有针对性的培训。所以，管理者应该对误差这种问题充分重视。最好的办法，就是从源头开始控制误差。

- 明确考核目的，强化绩效理念；
- 对被考核者定量考核时，确保数据精准、真实；

➢对被考核者定性考核时，一视同仁，放下个人偏见；

➢明确绩效考核信息来源；

➢实时跟踪考核过程；

➢提升考核能力，保持敏感度。

从根源控制绩效考核误差，首先，要求绩效考核者具备考核意识。在绩效考核前，要对考核者进行培训，强化绩效管理理念，明确考核目的，让考核者认识到绩效管理的重要性。也可以将绩效考核结果与实际绩效的误差比作为对考核者自身评价的主要内容之一。

其次，要求考核者为自己的工作承担责任。一旦发现考核者对某位员工存在故意“差评”，就立即采取措施惩罚。如果发现考核者是因个人能力不足或对考核标准不了解而造成误差，说明其不具备考核者的素质，应取消其考核资格。

此外，考核者还要不断提高自己的考核能力，培养自己的考核敏感度。比如，对容易出错的考核项目保持警惕，对于一些来源不明的数据深度探查。这些都能有效帮助考核者在工作过程中减少误差。

除了考核者的问题，另一个造成绩效误差的关键因素就是数据。所谓“差之毫厘，谬以千里”，一个小数点放错了位置就会导致出现极大的误差。因此，在制定考核指标的时候，要尽量达到准确、量化的要求。能量化的尽量量化，不能量化的定性指标也要做到细化。这样更有利于进行客观评估，从而避免产生误差。尤其是在定量考核中，考核者要确保每个数据的来源都真实、可靠。在收集数据的时候，考核者就要认真、仔细实时跟进员工的工作。明确每一个数据的来源，确保从根源减少绩效考核误差。然后，对收集来的数据要进行审核，如果发现数据来源不明确、数据跟考核不相关或者数据出现明显的错误，就要删除这些数据，或者重新收集有效的数据。如果不从根源开始控制，绩效误差就会像一个潜藏的“病毒”一样，给企业带来很多潜在的危害。所以，考核者应该从源头开始，尽量将这种误差“扼杀”在摇篮里，给员工一个公正、公平的绩效考核结果。

极简管理箴言

再小的误差，

如果不能引起重视最后也会变成“毒瘤”。

法则53 确保考核过程公平公正

无论是在生活中，还是在工作中，任何人都希望得到公平、公正的待遇。在绩效考核中，员工对公平、公正更是看重，因为这关系到员工自身的利益。要想顺利实施绩效考核，让员工对考核结果心服口服，管理者就要确保考核过程公平、公正。

绩效考核是一把双刃剑，它能够激励员工，并帮助员工改进绩效，但是如果不能做到公平、公正，它就会挫伤员工的积极性和信心，反而不利于绩效的提升和改进。

举个例子：

某销售团队，有甲、乙两名员工。员工甲跟领导走得比较近，巧合的是，员工甲每次考核成绩都比员工乙好，拿的奖金也比员工乙多。这时候，不仅员工乙会认为绩效考核不公平，对工作失去信心，甚至团队中其他员工也会认为领导在偏袒跟自己走得比较近的员工甲。

也许跟领导走得近的员工甲能力确实更强，但是由于管理者没有确保考核过程的公平性和公正性，就导致员工乙和其他员工产生误会和偏见。这种情况下，即便是被奖励的员工甲也未必感到高兴，因为他不仅要遭受来自同事的议论和怀疑，还要承受自身能力不被同事认可的压力。

那么，如何确保考核过程的公平和公正？以下几点必须注意：

➢严肃考核纪律，端正考核态度；

➢加强考核者与员工之间的沟通；

➢强化对绩效考核过程的指导和监督；

➢任何评价均须有理有据；

➢建立绩效申述机制；

➢公开考核过程和结果。

要确保绩效考核公平、公正，首先就要确保考核者的态度端正，能够以客观的态度来评价员工。另外，员工认为考核不公平，大多是因为考核者与被考核者之间的沟通不畅引起的。所以，考核者需要跟所有被考核者保持沟通顺畅，这样既能了解实际的工作情况，也能让员工了解考核者对待工作的态度，进而消除因为“不了解”而产生的“不公感”。

当然，保持沟通不等于亲密无间。考核者也需要跟被考核者之间保持适当的距离。如果考核者跟被考核者走得太近，可能会导致考核者在评价被考核者时存在一些主观看法，影响考核者的准确评价。而这种“亲密”在其他人眼里，也会产生“他们关系好，自然会给高分”的误解。所以，考核者和被考核者之间也要做好“避嫌”工作，尽量与所有人都保持“一个拳头”的距离，亲切但不亲密。

除此之外，一些考核人员可能还会存在对绩效考核不重视、对考核流程不熟悉等现象。这就需要企业和人力资源部对考核工作进行全程监督和指导，引导考核人员进行规范、科学的考核。

当然，即便考核者态度端正、对考核流程熟悉、有很强的考核能力，也可能还会出现让员工认为不公正、不公平的现象。不同的员工对考核有不同的看法，如果有员工认为“不公”，切不可急着辩解甚至打压，要让员工有机会说出自己的“不公”。比如，建立一个绩效申诉机制。在考核结束的一个星期内，如果员工对考核结果存在疑问，可以向上级提出绩效申诉。同时，管理者在收到员工的申述后，要及时展开相关的调查工作，以便给员工及时、明确的回复。如此一来，即使再次调查，若考核结果还是一样，也会有效消除员工的“不公感”。

最后，要将考核过程和结果公开化、透明化。让员工对考核过程和结果一目了然，减少他们内心的猜忌和质疑，同时，应根据考核公布结果长善救失，即发扬优势，查漏补缺，从而引导员工更加全面地成长。

极简管理箴言

如果做不到公平、公正，

那么考核结果就没有任何价值。

法则 54 奖惩要及时到位

根据绩效考核的结果对员工进行奖优罚劣时，一定要做到及时、到位。否则，奖惩措施就会沦为“表面工作”，奖惩效果大打折扣。

例如，个别新员工在试用期表现突出，管理者可以采取提前转正的奖励措施，激励他们更好地工作。而若新员工表现很差，并且毫无改变的迹象，则管理者就要立即采取惩罚措施，甚至辞退他们。这种及时的奖惩，对表现优异的新员工表达了认可，鼓励他们继续努力，而对表现很差的新员工表达了反对，警告他们要立即改进。

反之，如果表现优异的新员工迟迟得不到应有的奖励，他们有可能会对绩效制度的真实性产生质疑，甚至怀疑管理者的人品和能力，从而失去努力工作的动力。而那些表现很差的员工如果没有得到及时的惩罚，他们就不会立即意识到自己的错误造成的后果，有可能仍然延续这种作风。

奖惩要及时，是指当员工做出某种行为或达到某种标准之后，要及时给予奖励或惩罚，不要把奖励或惩罚的行为拖得太久。奖励越及时，越能满足员工的期待，越能持久地激发员工的工作动力。惩罚越及时，员工改变得越快，损失就越小。

奖惩要到位，是指管理者对员工的惩罚不可碍于面子、关系、地位等因素，把员工原本应该承受的惩罚变成“走流程”，而是要严格按照制度让他们承担相应的责任。同时，管理者向员工承诺的奖励一定要按时按量地兑现，切忌“偷工减料”，或者找各种理由不兑现奖励。

举个例子：

某员工连续三个月的绩效成绩都是个人冠军。按照奖惩制度，该员工在本季度应该获得10000元的奖金，晋升主管之位。但是，管理者在奖励这位员工的时候，觉得10000元奖金太多，而且，晋升主管之位后，还要提升他的工资待遇，企业的成本就更高了，所以只愿给他2000元奖金。结果该员工拿到奖金后特别生气，甚至没有问领导这么做的原因，就直接递上了一封辞职信。

奖励不到位，不仅体现了管理者的不诚信，还让员工认为自己受了欺骗，心生不满。结果虽然兑现了奖励，企业也承担了相应成本支出，但起到的反而是负面作用。所以，如果已经承诺并且必须奖励，就一定要在第一时间保质保量地兑现。

要做到奖惩及时、到位，就要遵循以下原则：

➢奖罚要分明；

➢奖励一定要按承诺兑现；

➢奖励一定要第一时间兑现，可以在当下兑现的，就不要拖到下一秒；

➢处罚一定要及时，最好控制在绩效结果出来后的7天之内；

➢处罚要与过错相当，不能因为情面就免于责罚，并且要向员工说明理由。

奖惩是有时效性的，需要“热锅炒菜、滚水下面”。通俗来说，就是绩效考核结果出来后，立即进行奖励或处罚。这样做能够体现出绩效考核的严肃性和纪律性，让员工明白，绩效考核不仅是一次工作总结，更是他们“更上一层楼”的阶梯。

此外，为了更好地落实奖惩制度，让员工心服口服，无论是奖励还是惩罚，都要让员工明白为什么。例如，以书面通知单的形式，告知员工因为做了或者做成了什么事获得了怎样的奖励。当然，如果是惩罚的话，最好不要公开，以免伤及员工的自尊心。但也要通过私下面谈或发邮件的方式，让员工知道自己应该从哪些方面进行改进。

极简管理箴言

奖惩制度要让员工明确地知道，
企业鼓励什么、反对什么、
提倡什么、抑制什么。

法则 55 正确地训诫

何为训诫？很多管理者对训诫这一概念存在误解。他们往往将训诫跟“惩罚”或者“改造”联系在一起，认为训诫就是惩罚员工，或者是通过一些苛刻的手段对员工进行改造。但是，这样的“训诫”并没有改变员工的行为、改进员工绩效，反而导致员工和管理者之间更加疏远，甚至让员工对管理者充满敌意。

某销售部门领导每天都跟在员工后面催单，一旦任务完成不了就不停地责骂员工：“养了一群没有能力的人”“你们只拿工资不干活”……迫于这些责骂带来的压力，原本 10 个人的团队，已经走了 5 个人。但是领导并没有意识到危机，甚至采取了更严厉的“训诫”措施。例如，如果员工当天没有完成任务，就直接扣掉当天的工资。这一训诫措施执行不到一个星期，团队剩余的 5 个人也走了。

训诫不是责骂，更不是采取严厉的措施“改造”员工。当然，也不是说员工不需要训诫。

在工作中，员工会因为各种各样的原因做出一些不符合规章制度的事情，或多或少犯一些小错误。面对这样的问题，如果管理者不及时训诫，很可能就会因小错酿成大错，最终导致企业遭受巨大的损失。

但是，训诫力度不能太大，太大容易让员工产生负面情绪，甚至导致员工直接离职。训诫力度也不能太小，否则很难让员工意识到问题的严重性。

正确的训诫方式要求遵守以下原则：

➢训诫行动必须符合法律规定和劳动协议；

➢任何训诫都必须有充足的理由；

➢训诫行动不要施加太大的压力，让员工认识到问题，解决问题才是关键；

➢详细描述问题，少批判、指责。

除了要遵守以上几个原则，管理者在训诫员工的时候，还要注意自己的情绪。管理者个人情绪会对训诫效果造成很大的影响。很多管理者在训诫的时候，说话的声音很大，情绪很激动，这在无形之中就给员工造成了一种压力。甚至有很多管理者因为控制不了情绪，而对员工做出过分的举动。比如，对员工进行人身攻击。以上这些行为不仅反映了管理者自身素质低下，还会触犯相关法律和劳动协议。无论是对员工还是管理者来说，都要付出巨大的代价。

另外，管理者对员工的训诫一定要有合理、充足的理由。要做到这一点，要求管理者在训诫时，尽可能描述员工的问题，就问题展开沟通，对问题进行诊断，然后跟员工一起探讨，制订解决问题的方案。在沟通的过程中，切不要一味批判，否则会给员工造成巨大的压力，影响训诫效果。

训诫，是基于权力下的一种管理方式。管理者在训诫时，必须做到严肃、公正、客观。这样才既能让员工意识到问题的严重性，又能通过训诫达到改善绩效的目的。

极简管理箴言

对员工的训诫一定要有理有据，

方得信服。

PART 4

绩效改进极简法则

绩效改进是实现绩效管理目标的最后一步，也是真正体现绩效管理价值的关键。极简绩效管理法则认为，绩效改进就是“发现问题→挖掘原因→解决问题”的过程。

温馨提示：扫描本书扉页或内文最后一页二维码，获取极简绩效管理实用表格、在线测试题等超值配套服务

法则 56　改进要立足于绩效结果

绩效改进，是指在绩效考核结束后，确认组织和员工工作绩效的不足和差距，查明原因，制订并实施有针对性的改进计划和策略，不断提高企业竞争优势的过程。简单来说，就是要解决组织和员工在绩效管理过程中遇到的问题以提升绩效，并且让绩效优秀的员工发挥出更大的能力，为企业创造更多的效益。

很多管理者在发现绩效管理效果不佳后，会试图改进。但是，当他们进行改进之后，不但没有提升绩效，情况反而越来越糟糕。究其原因，他们的改进只是效仿其他高绩效团队的绩效管理模式，进行简单的调整。他们并不知道自己存在哪些具体问题，需要针对这些问题做哪些改进。所以，这样的绩效改进注定是无效的。有效的绩效改进必须立足于绩效结果，进行深度分析，挖掘根源问题，并寻找出最佳解决方案。

绩效改进要做到立足于绩效结果，要求管理者在绩效面谈时注意以下几点：

➢让员工明确知道自己目前的绩效结果和期望达成的绩效结果之间的差距；

➢让员工知道自己跟团队其他员工之间存在的绩效差距；

➢跟员工就当前绩效结果进行探讨，找出导致员工绩效结果不佳的根本原因，指出员工有待发展和提高的方面；

➢让员工明确知道为什么要改进，改进会导致什么样有效的结果，以此促进绩效的改进行动。

绩效改进要立足于绩效结果，简单来说，就是要让员工知道当前的绩效结果——“是什么”，以及导致结果的原因——“为什么”。“是什么”，就是要说明员工绩效结果与自身期望绩效和团队其他员工绩效的差距。而“为什么”，就是明确指出员工的问题和有待提高、改进的方法。管理者如果能清楚地回答这两个问题，就能做到立足于结果的绩效改进。

很多管理者在绩效改进环节采取的做法是，把绩效结果摆在员工面前，并指出员工存在的一堆问题。这时候，员工只能简单地知道自己存在的问题，甚至可能会因为这些问题而产生消极情绪，也就谈不上绩效改进。

让员工正确认识绩效结果，最好的方式就是将员工当下的绩效结果跟期望达成的结果进行比较。让员工能清楚知道自己和目标的距离。在此基础上，管理者要和员工就“差距”问题寻找根本原因，确定员工在哪些方面有待提高和改进，并提出有效的建议，帮助员工制订改进计划。

切记不要自己想当然地制订计划，然后直接甩给员工。没有员工会真正想要实施别人甩来的计划。

即使是员工自己也参与了制订改进计划，也并不代表员工一定会采取改进行动。所以，管理者除了督促和帮助员工做好改进计划，还要重点描述采取改进行动之后所能达成的效果。让员工可以“看见”改变，以产生立即行动的意识。比如，“相信你通过努力，一定可以在‘成交技巧’上突飞猛进。期待你‘和客户一见面就成交’的那一天”“相信在这次有针对性的培训之后，你会‘脱胎换骨’”……类似这种表达，会提升员工对“绩效改进”方案的信心，激发他们快速实施绩效改进。

此外，要想确保绩效改进的有效性，管理者还要对员工的绩效改进行为进行跟踪。一旦发现有行为偏差、态度懈怠等问题要及时纠正。同时，在行动计划实施一段时间之后，还要审查绩效差距和问题是否依然存在。如果差距还是存在，或者问题依然没有得到有效解决，那么，管理者就要审查一下绩效改进方案是否正确。

当然，也有可能出现这样的情况：管理者找错了绩效差距的根本原因。

比如，员工因为“心情不好”而影响了绩效水平，但他却“难以启齿”，反而说是因为自己欠缺某个方面的技能所导致的。这时，管理者针对员工所欠缺的技能的培训显然并不能帮助员工有效改进绩效。一旦发现“无效”，管理者就要回过头来，对绩效结果进行重新诊断。

需要强调的是，凡事都有例外。绩效改进工作很难确保“第一次就有效”，所以不要为暂时“无效”而有太大压力。在绩效改进行为实施过程中不断发现问题、解决问题，才是最好的绩效改进措施。

极简管理箴言

不断修正绩效改进措施，

才能最大限度解决问题。

法则 57 挖掘绩效低下的真实原因

企业绩效有所提升，反映的是员工整体的绩效提升，但并非每个员工都能产生较高的绩效。让绩效低下的员工提高绩效，成了绩效管理中迫切需要解决的问题。

在传统的绩效管理中，很多管理者和绩效低下的员工面谈时往往会直接指出问题，“命令”其改进。甚至有的管理者会因为员工绩效低下影响了团队和企业的利益，而采取极端的做法，如不停地责骂员工，或直接辞退员工。但这样的行为，只会适得其反。

要想让绩效管理工作顺利进行，并帮助企业提升绩效，管理者就要懂得挖掘绩效低下的真实原因。

绩效低下的原因大致有以下几种：

➢各层级的绩效指标设计不合理，无法提高员工的工作效能；

➢绩效考核标准设计不合理，标准过高，远超过员工的能力范围，或标准过多，一些无关紧要的绩效标准分散了员工的精力；

➢绩效考核出现较大误差，没有真实体现员工的表现；

➢员工因自身态度或能力问题，无法完成绩效任务；

➢企业管理制度存在问题，无法为员工提供有效支持；

➢管理者与员工之间缺乏有效的沟通渠道，无法及时为员工提供帮助。

在实际的绩效管理工作中，当遇到员工绩效低下的问题时，不少管理者首先想到的是，员工能力或者是态度出现了问题，很少会反思，是不是管理制度存在什么问题而影响了员工能力的发挥。其实，员工绩效成绩的落后，并非员工一个人的问题，这跟企业的领导、管理制度等也有很大的关系。

某产品研发团队有一名员工，能力和态度都没有问题，但是每次绩效考核成绩排名都很靠后。为了帮助他提升绩效，管理者安排该员工参加了很多次培训，但最终效果都不尽如人意。这让管理者感到十分头痛，于是找到该员工进行详谈。在交流过程中，该员工表示："相对于产品研发，我更喜欢跟客户接触。研发产品很多时候都是自己一个人思考，但我比较喜欢说话，一直一个人埋头干活感觉没什么意思。"面谈结束后，管理者将该员工调到了销售部门，直接与产品研发部对接。结果一个月后考核，该员工就成为销售团队中的前几名。

上述案例中的员工绩效无法提升的原因既不是能力问题，也不是态度问题，而是因为"人岗不匹配"。而人岗不匹配只是众多制度问题中的一个。因此，在挖掘绩效低下的真实原因时，不要只将问题锁定在员工身上，还要关注制度是否存在问题。如果是制度存在问题，跟不上员工和企业的发展，影响的不是某一位员工，而是整个企业的利益。

极简管理箴言

只有挖掘出真实原因，

才能解决本质问题。

法则 58　找到“关键价值链”

“价值链”是由哈佛大学商学院教授迈克尔·波特于 1985 年提出的概念。迈克尔·波特认为：每一个企业都是在设计、生产、销售、发送和辅助其产品的过程中进行种种活动的集合体。而这些活动可以用一个“价值链”来表明。

简单来说，企业的价值创造是通过一系列的活动组成的。例如，生产部门、销售部门、服务部门等。这些互不相干但又互相联系的生产经营活动，构成的正是一个创造价值的动态过程，即“价值链”。

绩效管理过程，也是一个由不同活动组成的、创造价值的动态过程。如果把绩效管理看作一个整体，从创造价值的角度进行有序分解，形成“价值链”，那么在这条“价值链”上，我们能够清楚地看到绩效管理中创造价值的各个活动之间的关系。当然，并非所有的绩效活动都能产生价值，那些能够创造较大价值的关键活动，就是绩效管理的“战略环节”。把握住了“战略环节”，也就是握准了“关键价值链”。通过对“关键价值链”进行改造，进而提高“关键价值链”创造价值的能力，可以达到有效改进绩效的目的。

某公司市场销售部的员工小张 10 月份的客户拜访成交率仅有 20%。他想要提高成交率，就要先找到“关键价值链”——明确目标客户，拜访客户，产品推介，解决异议，达成交易。明确“关键价值链”的各个环节之后，他再对照自己在每个环节的行为表现以及客户反馈的情况，很容易就找到成交率较低的根源所在。比如，他在前期找目标客户、拜访客户等阶段做得都很好，但在产品推介阶段，因为对产品情况不是很了解，客户提出的很多问题，他都无法作出明确解答，导致不少客户对他不信任，最终影响了成交。这样分析之后，小张很快就制定了明确的绩效改进方案：熟练掌握产品情况，成为产品专家。如果没有对“关键价值链”进行梳理，小张必然是一头雾水：自己每天兢兢业业地工作，和客户相处得也挺好，为什么就是成交率不高呢？

所以，找到“关键价值链”是推动绩效改进的重要一步。清晰而正确的“关键价值链”可以使员工清楚地知道绩效结果是如何得来的，同时有助于员工制订清晰的行动目标，以及明确如何行动才能达到目标。

因此，在使用“关键价值链”时，需要提醒员工注意以下几点：

➢“关键价值链”中的任何一个因素都不能省略；

➢要关注“关键价值链”中的每一个环节；

➢对每一个环节都力争做到最佳效果。

“关键价值链”上的每一个环节、环节里的任何一个因素都是环环相扣的，省略任何一个因素和环节都可能会影响最后的绩效结果。所以在找到“关键价值链”之后，管理者要让员工清楚地认识到：“关键价值链”中的任何一个环节、任何一个因素都不能省略。同时，要求员工在每一个环节都必须把工作做到位，力争取得最佳效果。

无论是对于绩效管理工作还是企业未来的发展而言，“关键价值链”都有着举足轻重的作用。企业只有把控好每一个环节的每一个因素，才能确保所有的经营活动都能顺利进行。而绩效管理工作更是如此。要通过绩效管理来提升业绩，就要找到绩效管理工作中的“关键价值链”，并做好每一个环节的工作，让价值最大化，绩效自然就能得到提升。

极简管理箴言

找到“关键价值链”，

是绩效改进必不可少的一步。

法则 59 抓住绩效辅导的时机

对于绩效表现不理想的员工，除了要惩罚之外，管理者还要对他们进行绩效辅导。要想让绩效辅导发挥出最大的效果，不仅要讲究辅导方法，还需要抓住时机。

做任何事情都要讲究天时、地利、人和。这其中的天时、地利、人和，其实就是正确的时机。在正确的时机做事，往往会起到事半功倍的效果。

举个例子：

男生对女生表白，要想成功，时机很重要。女生刚和前任分手，如果男生在此时表白，失败的可能性很大。而如果选在女生走出失恋的阴影，准备重新开始新的生活时再去告白，成功的概率可能会大很多。

在实际绩效辅导工作中，多数管理者注重采用恰当的辅导方式，但是，却忽视了绩效辅导时机的重要性。比如，一些管理者在员工刚刚接受完训诫或惩罚后，就立即开展绩效辅导工作。很明显，这个时机不对。因为员工刚接受完惩罚，情绪正值低落期，他们自然提不起精神接受辅导。而且，员工还有可能因为受到惩罚而对管理者充满怨气，不愿接受辅导。不管哪种原因，在这个时机对员工进行绩效辅导，都不会产生太好的效果。

还有一些管理者，在绩效考核结束后的一个月甚至更长时间，才找员工面谈，指出员工的问题，并进行辅导。而这个时候，员工很可能已经忘记了自己之前出现过的问题，也想不起导致这一问题产生的原因。这种迟到的绩效辅导，效果会大打折扣。

一般来说，绩效辅导工作最好的时机有四种：

➢当发现员工存在问题需要你帮助时；

➢当员工主动征询你的意见时；

➢当你发现一个可以改进绩效的方法时；

➢当员工通过培训，刚学习了新技能时。

绩效辅导不只是在绩效考核结束后才能进行，而是应该穿插在整个绩效的管理过程中。员工在工作过程中，难免会遇到各种各样的问题，这些问题是不分时间、不分场合都会出现的。这时候管理者就要及时提供绩效辅导，帮助他们及时解决问题。

一般来说，绩效辅导工作分为主动和被动两种情况。有时候要管理者主动提供辅导，而有时候管理者又要沉得住气，静候员工来寻求帮助。

如果员工在绩效实施过程中遇到问题，管理者一定要沉得住气，千万不要贸然“插手”。贸然“插手”，很有可能让员工认为管理者“多管闲事”或者“显摆自己”。这时，最好的办法就是等员工“主动上门”求助。此外，当员工通过培训刚学习了一门新的技能，但在实际工作中不知道如何运用时，管理者也需要沉得住气。这样一方面可以留给员工更多的思考时间，另一方面等他们主动来求助，可以加深他们对新知识的理解。

那什么时候管理者要主动提供帮助呢？如果发现员工在工作中出现较大的问题，这个问题会直接影响员工绩效甚至是整个团队的利益，那么管理者就要主动提供帮助。在提供帮助时，切不可直截了当地指出问题，可以通过提问引导员工思考，如“这样做是不是会存在一些问题”“你有没有发现其实这样做很累”等。当员工认识到问题时，管理者就可以进行深入的辅导。此外，当管理者发现一个很好的绩效辅导方法时，也可以主动将这种方法分享给员工，帮助员工提高绩效。

中国有句古话：“识时务者为俊杰。”做任何事情，把握时机才是最关键的。所以，掌握绩效辅导方法的同时，也要懂得抓住绩效辅导的时机，让绩效辅导能够发挥出应有的效果。

极简管理箴言

在对的时间说对的话，

才能真正发挥出绩效辅导的效果。

法则60 面谈前做好充分准备

俗话说：机会是留给有准备的人的。在绩效面谈中，这句话同样适用。

不少管理者在绩效面谈时，最常做的事情是，对着绩效考核表格，把员工的绩效成绩评论一遍。或者管理者对员工的情况了解不够深入，在与员工进行面谈时，提出的问题没有价值，对员工问题的回答也是模棱两可，甚至吞吞吐吐。

这种方式很容易让员工将绩效面谈当成训诫会，从而产生反感心理。因此，管理者要想通过面谈了解员工的想法，帮助员工解决工作中遇到的问题，就需要在面谈前做好充足的准备。

这就好比一场访谈节目。节目开始之前，节目主持人要做好大量准备工作。比如，了解嘉宾的背景、兴趣、爱好、近期发展情况以及观众对嘉宾的期待程度、观众对嘉宾最感兴趣的话题、嘉宾比较忌讳的话题，设计一些精彩的问题等。这些都是需要主持人提前准备好的工作。主持人只有做好充足的准备，才能让节目效果出彩。

跟员工面谈，其实就相当于一场管理者跟员工之间的访谈。一般来说，在“访谈”之前，管理者需要做好以下准备工作：

➢通知员工做好接受面谈的各项准备，比如，让员工准备能够证明自我绩效的资料或依据，“翻案”的相关证明，未来的改进计划等；

➢针对不同的员工，设计不同的面谈方案，面谈方案中一定要涉及员工问题的深度分析和合理建议；

➢对即将进行面谈的员工进行观察，找到最佳面谈时机。

绩效面谈，是一个双向沟通的过程，双方都有充足的准备，才能确保绩效面谈顺利进行。一般来说，员工准备的资料最好是自己在工作中产生怀疑或者需要解决问题的相关内容。比如，员工怀疑自己的绩效成绩存在较大误差，可以准备能够证明自己绩效结果的资料或依据。再如，个别员工绩效低下可能与自身因素无关，确实是外界因素造成的，员工可以把相关数据信息收集起来，在面谈时向管理者进行解释说明。

在工作中，员工肯定会存在一些需要管理者提供帮助解决的问题。这时，员工可以提前把这些问题或者具体要求编辑制作成书面材料，在面谈时交给管理者，并与管理者就这些内容进行深度讨论、协商。

员工要想通过面谈，让自己“翻案”、释疑、得到帮助，就需要提前做好准备。这样，才能冷静地面对管理者的批评、质疑，不慌不忙地应对管理者的任何提问。

绩效面谈的目的是帮助员工提升绩效，实现绩效目标。因此，管理者在面谈之前，还要让员工准备一份个人的改进计划，包括员工想要改进的项目、项目的可行性、具体方法和详细的计划等。

在面谈中，起主导作用的是管理者。所以，除了员工的准备外，管理者更要做好充足的准备。管理者在与员工面谈之前，必须对即将进行面谈的员工的个人信息、绩效成绩、出现的问题等了然于心，还要提前对其出现的绩效问题进行分析，找出深层原因，准备好有针对性的改善建议或解决方案。

当然，在绩效面谈中，除了双方都要准备充足的资料，选择恰当的时间和地点也非常重要。绩效面谈时间不宜选在下班后或者周末等休息时间，以免员工产生逆反心理，影响面谈的效果。最好选择员工工作比较轻松，心情比较好的时间进行绩效面谈。而绩效面谈的地点，最好是比较安静、适合谈论的地方，如会议室、咖啡馆等。需要注意的是，最好是避开管理者的办公室，以免给员工造成压力。总而言之，管理者考虑得越周到，准备得越充足，面谈效果也就越好。

极简管理箴言

只有做好充分的准备，

才能把握住面谈中的机会。

法则61 面谈技巧因人而异

绩效面谈的最佳效果是管理者和员工都能得到提升。员工的提升主要体现在绩效改进上。对于管理者而言，提升的不仅仅是发现员工问题、解决员工问题的能力，还有面谈的能力。针对不同类型的员工，管理者需要掌握因人而异的面谈技巧。

不少管理者与员工进行绩效面谈时，采取的是千篇一律的面谈方式，对每一位员工都是“一视同仁”。甚至很多管理者在绩效考核结束后，只会召开一个会议，把所有员工聚集在一起，然后粗略说一下大家的问题，点评几句，就算完成绩效面谈了。

但是，每个员工的性格不同、喜欢的沟通方式也不同……面对这些不同的因素，如果管理者采取“一视同仁”的面谈方式，必然会影响绩效面谈的效果。比如，有些员工爱面子，管理者与其面谈时，直接指出问题，并进行严厉批评，这类员工可能会因为“丢了面子”而抗拒改进。有些员工性格直率，管理者却绕来绕去也没有说到“正题”上，这可能就会导致员工因失去耐心而拒绝继续交流。

此外，不同员工身上出现的问题也不同，如有些员工是因态度不端正、工作不认真导致绩效低下，有些员工是因为能力欠缺导致绩效低下。因此，管理者在与不同的员工面谈时，面谈内容就一定要有所侧重，切不可一概而论。

所以，绩效面谈应该因人而异。管理者不仅要根据员工不同的个性和特点采取合适的面谈技巧，更要针对不同的员工设计不同的面谈内容。哈佛绩效管理项目中，提出了“四类员工具体绩效问题沟通法”。在绩效管理中，管理者可以按照这种方式对员工进行分类，然后采取不同的方式进行绩效面谈。

在“四类员工具体绩效问题沟通法”中，将员工分为以下四种类型：

- 贡献型：好的工作业绩和好的工作态度。
- 冲锋型：好的工作业绩和差的工作态度。
- 安分型：差的工作业绩和好的工作态度。
- 堕落型：差的工作业绩和差的工作态度。

管理者可以依据绩效考核成绩和自己平时对员工的了解，按照以上方式对员工进行分类。然后针对不同类型的员工，采取不同的面谈方式。

贡献型员工，是管理者比较青睐的一类员工。他们无论是业绩还是工作态度都很好。但是，并不是说这种优秀的员工就可以放之任之。在绩效面谈时，管理者要对他们提出更高的目标和要求。这类员工是公司的主力军，管理者要通过有效激励，让他们不断突破自己，创造更佳的绩效。

冲锋型员工，工作态度一般，但有着很强的创造力，经常能够给企业带来一些惊喜。对于这类员工，在绩效面谈时，就要多沟通、多交流，尽可能了解影响其工作态度的因素，以便对症下药。这类员工更需要的是心理层面的辅导。所以，采取平和、引导的心理咨询式的面谈方式更为合适。

安分型员工，是管理者心中的“老实人”。这类员工一般会遵纪守法，不会做出格的事，但是他们的工作能力有所欠缺，对于工作常常“有心无力”。对于这类员工，在绩效面谈时，要重点关注他们的能力缺陷，有针对性地给出能力提升指导意见，并帮助他们制订能力提升计划。

堕落型员工，这是让管理者最头疼的“问题员工”。这类员工不仅业绩不好，态度也差。但是，这类员工并非完全“无药可救”。通过进行面谈和辅导，他们当中很可能也会产生“黑马”。因此，针对这类员工，管理者更要下功夫去沟通、了解。首先，管理者要让他们对工作树立一个正确的态度，让他们认识到工作的重要性；其次，引导他们树立目标，让他们能够有一个明确的目标和充满希望的未来；最后，帮助他们制订一个能力提升和目标完成的计划，并为他们安排合适的“老师”，督促并指导他们实施计划。当然，如果是立即需要见到效益的创业团队，对于这类需要投入大量时间、精力以及金钱在绩效面谈和指导上的员工，就要谨慎对待，必要时果断舍弃。

另外，员工都具有不同的性格、不同的做事方式以及其他一些个性因素，所以，管理者要“因人而异”，采取不同的表达方式。“因人而异”的面谈技巧不仅体现在对不同类型的员工的面谈方式上，还要体现在同类员工的员工个性特征上。

极简管理箴言

和不同的人说不同的话，

是确保面谈成功的关键。

法则 62 正面反馈要具体

正面反馈，就是赞美、表扬员工，不断激发他们的潜能和积极性，让他们能够为企业创造更多的价值。但是，很多管理者发现，很多绩效表现很优秀的员工，对管理者的赞美和表扬常不以为然，甚至在被夸赞之后，他们的绩效不但没有提升，反而下降了。这是因为很多管理者的夸赞往往是泛泛而谈，甚至只是一句“客套话”，结果导致员工不但没有受到激励，反而产生反感、消极的情绪，进而影响他们的绩效表现。

正面反馈一定要具体才能起到实质性作用。

举个例子：

某位员工在一次方案设计中表现很突出。在例会上，管理者公开表扬了这位员工，并且明确指出他的方案中有几个很好的创意点，号召大家向他学习。这时，这名员工一定会感到特别高兴，而且会更加努力，争取下次做得更好。但是，如果管理者只是对该员工简单说一句“这次文案设计得还不错”，想必这名员工就不会为如此的夸赞而感到兴奋，因为他并不确定管理者口中的“还不错”是什么样的标准，不能确定自己是不是真的做得很好。所以，正面反馈如果不够具体，就无法真正刺激到员工的兴奋点。

表现出色的员工一般都比较自信，甚至自傲。他们对自己本身就有较高的认可度。如果管理者只是一句简单的“干得不错”“很棒”，这种夸赞对他们而言并没有太大意义。对于那些进步比较大的员工，管理者夸赞他们“有进步”“表现不错”，他们也许会兴奋、激动，感觉自己的辛苦没有白费，但他们下次想要重现“功绩”时依然会感觉无从下手，因为他们可能并不知道上次到底是哪里做得比较好。

所以，管理者在对员工进行正面反馈时，一定要具体、客观。

对于表现出色的员工，应具体指出他们工作中的“闪光点”，尤其是他们别具匠心、具有创意的点。管理者把这些“点”拎出来进行夸奖，既能强化他们的对应行为，让他们产生共鸣，又能让这类员工在兴奋的同时，还对管理者“高看一眼”，心服口服。

对于那些有进步的员工，要具体指出他们进步的地方以及进步的程度，可以是某种能力、态度，甚至是具体的工作方式。这种夸奖方式，不仅能够让他们感受到管理者的用心，还能让他们清楚地知道自身哪些行为要继续保持，哪些行为还有需要改进的地方，以便对以后的绩效行为起到指导、强化作用。

为此，在实施正面反馈时，管理者要注意：

- 态度要诚恳，认清正面反馈的作用；
- 让员工知道他们的努力和成果已经被管理者和企业所认可；
- 对员工行为中的“亮点”和“进步突出的点”，着重表扬；
- 鼓励并强化员工的正面行为，让员工能够保持并提升自己；
- 对员工提出进一步的期待。

正面反馈不是简单的一句赞美，必须要让员工具体知道他是哪里比较优秀。也就是说，在反馈的时候，管理者要清楚地告知员工，他的工作在哪些方面比较突出、哪些方面有发展潜力，并对员工表达出公司的重视和认可。此外，还要鼓励员工继续努力，不断提升自己。

举个例子：

一般管理者的正面反馈是：“小王，你最近表现很好，工作辛苦了！”小王也许会感激领导的关心，但是这种感激并不会持续太久。而如果领导的正面反馈更具体一些，如“小王，你最近工作十分投入。你写的那个策划方案我看过了，质量比之前提高了不少。整体策划思路很清晰，而且在××方面的创意对公司进一步开拓市场有很大的帮助”，这样的夸赞，才是员工所期待的，才是对员工成长和发展有帮助的。

还要注意的是，正面的反馈一定要真诚，切不可给员工造成“敷衍”的感觉。真诚一方面体现在语气、态度上，如言行一致，另一方面体现在物质奖励上。例如，管理者表达对员工的认可，除了“你们最近的成交技巧有很大进步”，还需要有一些诸如发奖金、晋升等实际的奖励。

管理者一定要学会让正面反馈更加具体，让员工不只是“知其然”，更要“知其所以然”。简单来说，就是告诉员工，你为什么要奖励他。

极简管理箴言

让你的员工知道，

他们做了什么样的事情会得到表扬。

法则 63 负面反馈要描述事实

负面反馈是相对于正面反馈而言的，是指针对员工存在错误的地方进行反馈，旨在帮助他们改正错误。和正面反馈相比，负面反馈更不好操作，而且比较难以让员工接受。因为负面反馈反映的是员工的缺陷、不足，多少会让员工感觉“没面子”“伤自尊”。而且，大多数管理者对于负面反馈的认识不足，通常会将负面反馈当成一次训诫。

能让员工乐于接受、真正产生效果的负面反馈，是通过描述事实的方式，指出员工存在的不足之处，帮助他们认清自己的问题所在，进而解决问题，提升绩效。

在负面反馈中，如果管理者只是简单地指出员工的错误，并对员工的错误加以指责，不但不能帮助员工改正问题，而且还会打击员工的自信心和自尊心，严重影响员工的绩效提升。

例如，“你绩效这么低，工作中还经常犯错，就是因为你工作不认真，能力又不行！”这种负面反馈是一种判断式的反馈。“员工工作不认真、能力不足”这些反馈，是管理者依据“绩效低下”这一点判断得来的。这种负面描述很容易引起员工的反感。

如果管理者这样说：“你最近的工作状态看上去不是很好，有几次在工作中犯了一些我认为是可以避免的错误……”这就是一种描述事实的反馈方式，会让员工意识到自己存在的问题，并进行自我反思。相较于第一种判断式的反馈，这种描述事实的反面反馈方式，往往更容易让人接受。

一般来说，管理者在进行负面反馈的时候，要遵循以下几个原则：

➢耐心、具体地描述事实；

➢对事不对人；

➢描述必须做到客观、准确；

➢不随意指责；

➢提出建议，帮助员工改进绩效。

管理者在为员工提供负面反馈的时候，如果控制不了自己的情绪，往往会被愤怒的情绪所影响，说出打击员工自尊心的话。在这种情况下，即便通过描述事实的方式给予反馈，也可能会让员工难以接受。

因此，在进行负面反馈前，管理者应该调整好自己的心态，耐心地跟员工沟通，客观地描述事实。在描述事实的过程中，管理者还要做到对事不对人。例如，不能因为曾经得到某位员工的帮助，就对这位员工的错误轻描淡写，甚至有意忽略，而对曾经得罪过自己的员工点名批评、大加责罚。以上无论哪种处理方式，管理者都违背了职业道德，也违背了负面反馈的初衷。

最后，管理者还要帮助员工分析问题产生的原因，并跟员工一起探讨解决问题的方案，帮助员工改进绩效。

管理者不但要懂得使用正面反馈激励员工，更要学会用负面反馈改善员工的行为。在负面反馈中，准确而详细地描述事实能让员工更加深刻地认识到自己的问题。一旦员工意识到需要改善，就会积极配合管理者的工作。所以，实施绩效反馈的首要原则一定是：让员工发自内心地接受。

极简管理箴言

描述事实，让员工看清问题，
是负面反馈的基本准则。

法则 64 建立关键对话

一些管理者认为，多沟通能够让自己与员工之间建立更紧密的关系，更有利于解决问题。而事实上，沟通的效果不在“量”而在“质”，无内涵、不能解决问题的沟通，进行得再多，都是浪费时间。

要想让沟通产生效果，就要让每次沟通的内容有意义。有意义的内容，是指双方的沟通是围绕发现问题、解决问题这一关键因素而展开，沟通之后能给双方带来收获。也就是说，管理者与员工之间要建立“关键对话”。

关键对话，是指两个人或者更多人之间进行充满风险、富有争议以及令人情绪激动的对话。

举个例子：

情侣之间吵架是一个很正常的现象。但仔细观察我们就会发现，情侣之间的很多吵架都是无意义的。他们甚至会因为数次这种无意义的吵架而分手。因为他们之间的吵架更多的是翻旧账、指责、谩骂，或者双方吵架的点都不在同一个频道，彼此互不知道对方因何生气。这些对话都是无意义的，所以即便沟通得再多，也无法化解双方的矛盾。

情侣之间不可避免地会吵架，但是，要想把“伤感情的”吵架转变为“加深理解、化解矛盾”，就需要情侣之间建立关键对话。比如，吵架只围绕当前双方产生争执的某件事展开，双方只表述自己的意见和对对方的要求，不相互指责、谩骂。

在绩效沟通过程中，我们也经常会遇到这种无意义的沟通情况。但是很多管理者并没有对此引起重视。他们认为，并不是每一段对话都会对公司和员工的发展造成很大的影响的。但是，我们会发现，往往一个简单的对话，也会把企业和员工拖入一个艰难的境地。比如，某位员工在绩效考核中表现不好，管理者跟员工进行绩效沟通的时候说："自从你上次犯了那个错误后，我对你就不抱太大的希望，但是没想到你的绩效成绩一次比一次低，这次都垫底了，真是令人失望。"管理者也许是想让员工认识到自己的错误，希望能够激励员工，但是这种说话方式反而会大大打击员工的自信心和自尊心，想让他改进绩效也就更无从说起。

管理者与员工之间不仅要建立关键对话，还要抓住建立关键对话的时机。一般来说，以下三种情况会预示关键对话的到来：

一是对话双方的观点存在极大的差距；

二是对话本身存在高风险；

三是对话双方的情绪都非常激动。

当对话出现这三种情况的时候，管理者就要立刻建立关键对话。

而建立关键对话，要做到以下几点：

➢明确这次对话的目的与动机；

➢为这次对话制造安全的氛围；

➢在自己情绪不稳定的时候，控制自己的想法；

➢陈述观点、循循善诱；

➢引导对方走出沉默或暴力状态，真实地表达自己的想法。

一旦对话从讨论变成了争执，关键对话就开始了。在这种情况下，管理者内心肯定会很气愤，说话的时候也可能会因为着急解释而说不清楚。为了让关键对话达到更好的效果，管理者需要让自己快速冷静下来，营造一个安全的对话氛围。如果让员工感觉这次对话不安全，他们极有可能表现出沉默、逃避、退缩等拒绝交流的状态。

关键对话的目的不是争吵，而是表达自己的真实想法。所以，建立关键对话之前，必须要了解自己，即要明确自己展开关键对话的目的与动机。例如，管理者可以询问自己“这次对话我想要解决什么问题?”“我打算通过这次对话实现什么目的?”。总之，一定要清楚自己的目的和动机，否则，关键对话就变成了无意义的争吵。

除此之外，管理者还要学会控制自己的情绪，不在愤怒、受伤状态下，口无遮拦地向员工倾泻想法，而是应该保持冷静，有理有据地进行客观陈述。同时循循善诱，尽量让自己的想法能够为员工所接受。

如果员工仍然保持沉默或处于激动状态，管理者要通过开放式提问和有效倾听，帮助员工增强安全感，引导员工走出沉默或激动，主动表达自己的想法，并最终建立有效的关键对话。

极简管理箴言

建立关键对话的目的是：

共享观点，解决问题。

法则 65　有效利用开放式问题

开放式问题是相对于封闭式问题而言的。封闭式问题，是指有固定答案的问题。例如，“是”或者“不是”。而开放式的问题，没有固定答案，更容易让对话维持下去。在绩效沟通环节，为了鼓励员工畅所欲言，管理者要有效利用开放式问题。

举个例子：

在和绩效低下的员工进行面谈时，管理者如果说：“你的绩效成绩不是很好，是因为这段时间压力太大，状态不好吗？”员工听到这种封闭式问题，一般只能回答“是”或“不是”。管理者无法从“是”或“不是”的回答中，获取更多信息，员工也无法从这个问题中，真正表达自己的想法。

如果管理者换成开放式的问题，效果就会截然不同。例如，“你的绩效成绩不是很好，说说你最近的工作状态吧！”“你最近在工作中遇到哪些问题了？”“你觉得有压力，是什么原因呢？”。当员工在面对这些问题的时候，不能用简单的“是”或者“不是”来回答，他们必须经过思考，把自己的想法通过描述性的语言表达出来。例如，“我最近状态不是很好，因为家里出了一些事情……所以这个月的工作任务完成得不好，没有达成目标”。从员工的回答中，管理者就可以更清楚地了解员工绩效低下的原因，并能够提供有针对性的帮助。

但是，开放式问题，并非什么都可以问。如果提问的方式和问题不对，也很可能会适得其反。

管理者在提开放式的问题时，需要注意以下几点：

➢有充足的心理准备；

➢根据提问的目的，设置合理的开放式问题；

➢少用“为什么”开头；

➢不要用反问的方式提问；

➢不要涉及个人隐私。

由于问题是开放式的，因此会有千奇百怪的回答。有可能员工的回答，管理者不愿意听到，甚至会感觉尴尬，很难面对。因此，在提问之前，管理者要做好心理准备，用强大的心理素质和随机应变的能力，接受来自员工的“暴击”。

为了尽量减少这种“暴击”，管理者要慎重考虑提问的目的，根据提问的目的设置合理的开放式问题。比如，为了了解员工对自己管理工作的看法，管理者这样提问：“你认为我的管理方式怎么样?”这种开放式问题就设置得不够合理，因为碍于地位的差距、面子、人际关系等因素，员工要么拒绝回答，要么敷衍回答。如果提问换成：“你能为我的管理工作提供一些建议吗?”这种谦虚、请教的开放式问题，则更能鼓励员工表达自己的真实想法。

在实际的绩效沟通中，不少管理者为了询问更多的信息，在提问时很喜欢用“为什么”。但是，以“为什么”开头的提问句式，很容易让员工觉得管理者在逼问自己。所以，要尽量少用“为什么”，实在想问出原因的时候，可以换一种表达方式。例如，问员工为什么绩效低下，可以将“为什么你的绩效那么低?”换成“你的绩效不高，应该是有原因的。可以告诉我具体原因吗?”。这样更容易让员工接受。

同时，不要用反问的句式来提问。例如，管理者询问员工“你不认为你的工作方式存在一些问题吗?”。这种问题的意思就是“你的工作方式存在问题”。这时，不但不能让员工深入思考，反而会让员工觉得管理者在责骂自己，进而引起情绪恶化，难以继续顺利沟通下去。

在开放式提问中，还要格外注意的是，不要涉及隐私。一些管理者为了更深入地了解员工，会问“你最近是不是交男朋友了？”“你的男朋友家庭条件怎么样？”“你父亲在什么单位上班？”……这些过于“开放”的问题，就会涉及对方的隐私，极容易让员工产生抵触心理。因此，管理者的开放式问题，要尽可能围绕工作和发生在工作中的事情展开，切忌过分深入员工的个人生活。

开放式提问，不是没有“边界”，什么都可以问。要提出有效的开放式提问，一定要注意以上几个问题，避免所提出的问题，使双方陷入尴尬的境地。

极简管理箴言

开放式问题也需要建立明确的“边界”，只提出该问、适合问的问题。

法则 66 设计有针对性的改进小计划

绩效改进计划，是指管理者根据员工存在的问题和有待发展的方面，所制订的有关工作绩效和工作能力改进与提高的系统计划。

一些管理者希望制订一个面面俱到的绩效改进计划，展开大规模的行动，实现一次性解决所有绩效低下的问题。但实际上，这种想法是不切实际的、无效的。要想真正提升绩效，管理者就要在绩效面谈中与员工共同讨论，帮助他们设计出一个改进小计划。

为员工设计的绩效改进小计划，一定要基于他们当前的能力和状态。一旦计划超出员工的能力范围，就成了空谈。同时，改进计划并不适用于所有人，每个员工一定有其专属的、特定的改进计划。如果计划没有针对性，就无法起到提升能力、改进绩效的效果。

举个例子：

团队整体绩效低下的原因是，团队成员之间缺乏信任、不够团结，其中两位成员由于能力很差，导致他们的绩效非常差，因此拖累了团队的整体绩效。为了提高团队的整体绩效，管理者制订了一份绩效改进计划，包括组织团建活动，培养团队成员之间的信任感，安排一次培训会议，对所有成员进行技能培训。

这份绩效改进计划虽然是根据团队绩效低下的原因制订的，但因为缺乏针对性，所以无法真正改进绩效。

首先，团队成员缺乏信任的原因有很多，如不合理的制度导致成员之间产生恶性竞争、团队成员之间误会较重等。管理者没有挖掘团队成员间互不信任的深层原因，就设置团建活动，并不能有针对性地解决这一问题。

其次，导致团队绩效低下的另一个原因是团队中有两位能力很差的成员。要想提高团队的绩效，重点是要提高这两位成员的能力。管理者安排的培训会议是面向全体成员的，对这两位成员无法起到有针对性的培训作用。

所以，在制订绩效改进计划时，不要“好高骛远”，要看清员工当下的问题，帮助员工设计有针对性的改进小计划。

一般来说，制订有针对性的绩效改进小计划，需要做到以下几点：

➢从员工、管理者、环境三个方面分析造成员工绩效低下的多种原因，并找出最根本的原因；

➢筛选员工通过努力可以改进绩效的措施，纳入绩效改进计划中；

➢与员工进行讨论，提出尽可能多的解决方案；

➢筛选方案，制订计划。

在制订绩效改进计划之前，管理者必须清楚地知道员工在绩效方面存在的所有问题，以及需要改进的地方。然后，管理者要跟员工一起研究问题背后的原因。分析原因时，要从员工、管理者、环境这三个方面出发，找出员工绩效低下的多种原因，并确定最根本的原因。然后，再针对根本原因寻找解决方案，制订绩效改进计划。

管理者需要注意，制订绩效改进计划不是管理者一个人的事情。要想真正发挥计划的作用，就要让员工参与进来。因为绩效改进计划不是管理者单方面给员工安排工作，而是一个双向的沟通过程，制订的计划需要得到员工的认可，才能有效实施。

在制订计划的时候，管理者可以采取“头脑风暴”法，和员工一起探讨尽可能多的解决方案。这时候不需要对方案进行评价，只需要记录就可以了。当双方都无法再提供方案时，再对方案进行筛选，选出最具针对性、最能帮助员工解决问题的方案。

对于绩效改进而言，关键不在于计划多么宏伟，而在于能不能帮助员工解决本质问题。例如，管理者与员工都认为，造成绩效低下的原因是缺乏某项技术，那么，管理者就可以为员工提供该技术的相关培训，或者安排技术能力比较强的同事，辅助这名员工完成工作。

无论采取什么样的计划，管理者需要知道的是，没有任何一个计划能够解决所有的问题。有效的计划都是在实施过程中不断完善的。所以，不管多小的计划，都要对实施过程进行跟踪，并不断加以完善。

极简管理箴言

小计划更容易实行，

也更容易有针对性地解决问题。

法则 67 让员工清楚改进行动

要达成最终提升绩效的目的，单单制订计划是不够的，还需要员工积极执行计划。

在生活和工作中，很多人都习惯制订计划，如“减肥计划”“旅行计划”“升职计划”等。为了表示对计划的重视，他们还会白纸黑字地把计划一一罗列出来，但到最后，很多人的计划是无疾而终的。原因就在于，这些人只是制订了计划，却没有执行计划。制订的计划如果不投入行动去执行，也就成了形式主义。有了行动的计划，才可能产生结果，没有行动的计划就是一张纸，没有任何意义。

管理者不要认为帮助员工制订了绩效改进计划，员工只要按照计划来执行就可以实现绩效改进。很多时候，员工虽然清楚计划，但却并不清楚具体应该采取何种行动，如何执行计划以改进绩效。因此，在制订计划后，管理者还要让员工清楚如何进行改进行动。

管理者可以通过 5W2H1E 要素来让员工清楚改进行动。

- Why：告诉员工让他们改进的原因。
- Where：让员工分析、总结具体要改进的项目。
- What：让员工明确改进行动要达到什么样的目的。
- When：给员工规定改进行动完成的时间。
- How：让员工了解改进行动的具体方式。
- Who：告诉员工，他们的改进行动由谁负责监督。
- How Many：告诉员工，他们的改进行动中，可以得到哪些人力、物力的支持。

➢ Effect：让员工预测自己改进后的效果。

举个例子：

小李刚入职三个月，绩效成绩一直很低。根据5W2H1E要素，管理者指导员工实施绩效改进的行动。

Why：与小李面谈，告诉小李改进绩效是为了他以后的发展和获取更好的生活保障。

Where：与小李共同讨论，分析出此次绩效低下的原因是，刚进入社会，仍然保留学生心态，工作态度不认真，对岗位职责不明确、工作内容不熟悉。

What：让小李明确通过改进行动，他能成为一个合格的职场人，他的工作能力有显著的提高。

When：和小李协商，把改进行动的时间定为2个月。

How：通过讨论，告诉小李，他接下来的改进方式包括参加团队内部培训，重新学习岗位职责和工作内容，向前辈请教快速改变心态的方法，每周向直接领导作一次工作汇报。

Who：告诉小李，他2个月内的改进行动将由直接领导王总来监督。

How Many：告诉小李，公司已经安排他的同事小张给他提供帮助。

Effect：让小李预测自己，一旦采取以上改进方法之后，会取得怎样的进步。

采取以上步骤，就可以让绩效改进计划更为明确，让员工清楚地知道自己该如何行动。同时，管理者还要调动员工的积极性，鼓励员工积极投入绩效改进中，并展开行动。在这个过程中，还要安排人员进行监督和给予支持，确保员工能够顺利实施改进行动。

极简管理箴言

绩效改进的成功，

更多地取决于有效的改进行动。

法则 68 行动后跟进基本问题

不少企业的绩效管理者，在制订了具体、清晰的行动计划后，就认为绩效改进工作已经结束了。实际上，制订计划并投入行动执行计划，只是绩效改进的开始。绩效改进行动，能不能真正帮助员工解决问题才是关键。因此，在员工采取行动后，管理者还要跟进基本问题。

跟进计划，是为了及时发现员工在执行改进计划时出现的问题，并及时地解决问题，确保计划能够有效推进。

在实际的绩效改进计划实施过程中，不少管理者进行了跟进活动。他们的做法是，当员工不能按照计划实施，或者在实施计划中出现问题的时候，就严厉地进行指责以督促员工完成计划，结果反而导致员工根本没有心情再继续执行改进计划。管理者要知道，计划本身就是需要不断完善的，所以在出现问题时，要积极地协助员工解决问题，修订并完善计划，而不是把所有责任都推给员工，或者是通过指责等方式进行“监督”。

管理者需要注意，绩效改进计划的跟进与传统的工作检查不同。传统的工作检查是找出员工的问题，让员工为此担责。而对绩效改进计划跟进的目的是，依据客观事实，找出执行过程中存在的基本问题，然后加以解决和完善。前者的重点在于找出问题，后者的重点在于探究如何才能做得更好。

举个例子：

产品研发部的管理者平时会按照产品研发的标准对员工的工作进行检查，如果产品与标准不符，就会要求员工为此问题担责，并及时地改正问题。这是传统的工作检查。而对绩效改进行动的跟进中，管理者会跟员工一起探讨问题，如“能否找到更好的办法提高产品研发效率?”“是否可以研发出更具个性化的产品?”等，通过一系列跟踪、检查、改善，进而重新确立更优的工作方式，研发更好的产品，提升绩效。

所以，在绩效改进行动实施后跟进基本问题，要明确以下几点：

- 具体的行动过程是什么；
- 是什么导致这种事情发生；
- 其中影响最大的关键事件是什么；
- 这些事情会对绩效改进目标造成什么影响；
- 你从中学习到了什么；
- 下一步要如何做；
- 这么做的目的是什么；
- 是否需要修改你的绩效改进目标，如何修改；
- 为什么这样修改；
- 是否确定这样做是最优选择。

通过以上问题，管理者就能明确知道，员工在实施绩效改进行动时遇到了什么样的问题，他们希望采取什么样的方式来解决问题。这种跟进问题的方式，是以员工为出发点，从员工的角度考虑问题，因此更容易被员工接受。

一旦跟进成了监视，就很容易让员工产生逆反心理，不但影响计划的实现，甚至会产生更多的问题。因此，无论是管理者还是员工，都需要明确绩效改进的目的，要清楚地知道，只有不断跟进、调整、修订、完善，才能完成计划，实现目标。

极简管理箴言

跟进不是监视，

是协助和支持。

法则69 更好地处理人际关系

如果管理者制订了绩效改进计划，但却没有人愿意协助实施计划，那么再好的计划也是“纸上谈兵”。因此，在绩效改进计划的实施过程中，管理者需要多方面配合完成计划，这也意味着管理者不得不处理好人际关系。

某团队的管理者喜欢把自己摆在高高在上的位置，几乎从不把员工放在眼里。工作中一旦出现问题，就会责骂员工。因此，大家都对他“敬而远之”。在实施绩效改进计划的过程中，他和员工之间几乎无法沟通。要么是他提问却得不到答案，要么是他直接下命令却遭遇抵抗。遇到问题，员工也从来不会主动、积极地向他反馈。

案例中的这位管理者就遇到了人际关系对绩效改进的阻碍。事实上，像他这样的管理者在实际工作中屡见不鲜。明明工作能力很强，却因为人际关系不佳而难以施展才华。所以，要想确保绩效改进计划顺利实施，必须要搞好人际关系。

在绩效改进过程中，管理者要处理好人际关系，就应做到：

➢在解决问题的时候，与员工一起合作；

➢不要指责员工，要让员工清楚地知道，绩效改进是为了解决问题；

➢保持愉快的心情，更利于绩效改进；

➢让团队的其他人也参与进来；

➢小的规划要“秘密”进行。

很多管理者在绩效改进环节，会根据自己的判断，帮助员工找到问题，然后制订计划解决问题。这种方式显然是欠妥的，因为真正了解员工的并非是管理者，而是员工自己。而且，绩效问题是每个人的事情，单靠管理者一个人是无法解决的。管理者的能力再强，权威再大，也不可能强制每一个人都按照管理者的方案改进绩效。所以，管理者要做的是，让员工参与进来，跟员工进行合作以更好地解决问题。

为了跟员工更好地合作，管理者要让员工知道，绩效改进是对员工和企业都有益的事情。此外，管理者要营造一个良好的气氛，不能一出现问题就指责员工。当员工心情不好，例如愤怒或沮丧时，解决问题的效果就会很差。这些细节，都是影响人际关系的关键因素，管理者要充分予以重视。

此外，管理者还要注意，在分析绩效问题时，一定要对事不对人。例如，某个员工的问题比较典型，可以作为一个共同问题在团队中进行探讨。在向所有员工介绍这个问题时，管理者切记不要强调是某个员工出现的问题，更不要把关注点放在有问题的员工身上，而是仅仅把这个问题提出，引导大家关注这个问题即可。过于关注人，会给该员工造成公开审问自己的感觉。

如果导致员工出现绩效问题的原因纯属个人因素，那么绩效改进的小计划就需要“秘密”进行，尽可能不要在公开场合处理，避免伤害该员工的自尊心。比如，管理者可以约员工到会议室讨论绩效改进小计划。

绩效改进是一个需要不断沟通、不断改进、不断提升的过程。在这一过程中，无论是管理者与员工，还是员工与员工之间都需要积极配合。只有这样，绩效改进工作才能顺利开展。

极简管理箴言

一个处理不好人际关系的人，
很难有效开展工作。

法则70 建立长期员工成长计划

有效的绩效辅导，既要协助员工制订改进小计划，也要帮助员工建立长期的成长计划，让员工能够看到自己的未来，更有动力去工作。

在实际的绩效管理中，大部分管理者只是将绩效考核结果运用于奖金分配和薪酬调整中，很少会根据考核结果帮助员工建立长期的成长计划，即便是制订了成长计划，往往也是简单粗略，难以帮助员工真正发挥优势，实现成长目标。

要帮助员工建立长期的成长计划，首先要从员工的绩效考核结果来反思员工的行为表现，然后再深层次探讨问题的本质原因。只有从问题根源深刻了解员工的成长需求，才能明确如何帮助员工建立长期的成长计划。

挖掘员工的成长需求，管理者要明确四个问题：

一是员工是否具备某方面的工作知识和经验；

二是员工是否具备相关的技能；

三是员工是否遇到了不可控制的外部问题；

四是员工的工作态度是否正确，是否对自己有信心。

通过以上四个问题，管理者可以找到员工绩效问题点和改善需求点。比如，员工不具备相关的技能，就要提供相关的技能培训。一旦明确了这两点，管理者就可以帮助员工建立长期的成长计划。

在帮助员工建立成长计划时，需要注意：

➢根据员工的工作表现，对员工进行深入分析和评估；

➢引导员工对自己的能力、兴趣、目标等进行自我评估；

➢根据员工的特点和优势，跟员工一起探讨并制定相应的职业发展方向和目标，建立成长计划；

➢为员工提供相关的培训；

➢监督员工执行成长计划，及时为员工提供帮助。

帮助员工建立成长计划，要求管理者必须深入了解员工的能力、兴趣、目标，知道员工朝哪个方向能够获得更好的发展。

为了明确员工的发展方向，管理者可以根据员工平时在工作中的表现以及以往的绩效考核结果进行判断。但是管理者的个人判断，并不能作为建立长期员工成长计划的唯一标准。

制订成长计划的目的是帮助员工不断成长，达成目标。因此，建立成长计划之前还要让员工进行自我评估。自我评估是建立成长计划的基础，直接关系到员工是否能够完成成长计划。通过自我评估、自我解剖，员工能够清楚地认识到自己存在的问题和优势，然后结合自己的兴趣、目标，明确自己的职业发展方向和目标。

建立计划后，管理者也不能就放任不管。员工很可能存在上面提到的四个问题。比如，因为不具备某方面的知识和经验，或者心态不好，对自己不够自信等，无法坚持执行成长计划。因此，管理者在制订计划后，还要根据员工的成长需求提供相应的培训。最后，管理者还要跟进员工实施计划的过程，以便及时为员工提供帮助。

极简管理箴言

帮助员工成长，

对企业和员工来说是“双赢”。

法则 71 不拘泥于一种改进方法

绩效改进不拘泥于一种改进方法和技术。它强调的是通过分析问题产生的原因，找到长远的对策，经济地解决问题，从而提高企业绩效。

在实际的绩效改进过程中，大多数管理者采取的改进方法是“缺什么补什么”的培训。例如，发现员工绩效低下的原因是欠缺相关工作能力，于是就给所有员工提供相关的培训。但是这种绩效改进方式，并不适合所有员工，甚至会让部分员工心生厌恶。

“缺什么补什么”的培训，是最简单、最直接的绩效改进方法。但是如果局限于这种改进方法，就很难帮助员工更好、更全面地解决问题。所以，在绩效改进环节，管理者要拓宽思维，寻找适合员工和团队的绩效改进方法。

具体来说，可以从以下几个方面寻找绩效改进方法：

➢让员工之间相互讨论，互相督促改进；

➢部门之间，互相借鉴好的绩效改进方法；

➢借鉴优秀企业的绩效改进方式；

➢组织变革或人事调动。

大多数管理者认为，绩效改进就是管理者发现员工的问题，并给员工提供方案，解决问题。正是因为这种固化思维，导致员工出现问题时，不会主动寻求帮助和思考，进而导致问题恶化，绩效低下。管理者要想改变这种固化思维，就应该让员工之间相互讨论，互相督促改进。例如，绩效考核结果出来之后，管理者可以将团队成员分成若干组，每组两名成员，相互之间就各自存在的问题进行讨论，相互找出合适的解决方案。

员工之间相互讨论，会让员工更轻松地面对自己的问题，并且会更加积极地提出自己的看法和意见。这种绩效改进方法，既能让双方发现及认识到更多的问题，也能促进团队成员之间的感情，是一个一举两得的方法。

除此之外，企业的各部门之间也可以互相借鉴好的绩效改进方法，或者借鉴优秀企业的绩效改进方法。采取这种方式需要管理者注意的是，无论是借鉴其他部门的绩效改进方法，还是借鉴其他优秀企业的绩效改进方法，都不能直接生搬硬套，而是要根据自己的团队的性质和实际做进一步的修订和完善，确保更适用于自己的团队。

以上几种改进方法，聚焦的问题点都在员工身上。但是，在实际的绩效管理工作中，大量的事实表明，有时候员工绩效低下的真实原因并非员工能力问题，或其他主观因素，而是组织的制度不合理、岗位能力不匹配等。因此，管理者除了要解决员工自身的问题，还要通过系统诊断，找出组织存在的问题，有针对性地解决问题，为员工提供组织上的保障，确保绩效管理顺利实施。

总之，绩效管理的方法有很多种，管理者不应该拘泥于一种方法，而是应该更加全面地看待问题，找到更适合的改进方法，进而高效地解决问题，提升绩效。

极简管理箴言

一旦拘泥于一种改进方法，

就再也发现不了更好的方法了。

法则 72 循环改进

在绩效考核中，企业会暴露出存在的各种各样的问题。不少管理者在绩效考核结束后，也会采取绩效改进计划来解决这些问题。但是，在这个过程中，管理者会发现，没有哪一个改进计划能够帮助企业解决所有问题。面对这一情况，管理者要认识到，绩效管理本身就是一个不断优化、不断完善的过程。因此，绩效改进不是一次就能解决所有问题，而是需要循环改进。

如何循环改进绩效？美国质量管理学家哈特博士曾经提出了 PDCA 循环法，该方法也是全面质量管理的思想基础和方法依据。PDCA 循环法，是指将质量管理分为四个阶段，即计划（Plan）、执行（Do）、检查（Check）、处理（Act）。在质量管理活动中，要求把各项工作按照制订计划、计划实施、检查实施效果、对检查的结果进行处理（肯定成功经验，总结失败教训）四个阶段实施。对成功的行为进行标准化，对没有解决的问题则重点关注，并交接给下一个 PDCA 循环去解决。

这样不断地循环下去，就能够不断地解决问题，不断地提高质量。PDCA 循环法是对持续改进、螺旋式上升规律的一种科学的总结，可以广泛地应用到企业管理工作，如绩效考核和改进。PDCA 循环法的实质是，确保解决今天能够解决的问题，保证今天的工作，并开发明天的工作。这种循环改进的方法，体现了绩效管理的系统性和动态性，更便于管理者解决问题，提升绩效。

运用 PDCA 循环法实施绩效改进，首先是计划。绩效计划包括明确岗位职责、设置工作目标、制订工作计划、确定绩效评估标准。它是整个绩效考核体系的基础，也是绩效考核的起点。对于管理者而言，只有制订了绩效计划，管理者才知道要考核什么，如何考核。对于员工而言，绩效计划的作用是，能让他们清楚地知道企业的目标是什么，他们需要采取何种行动来完成目标，并帮助他们找到正确的工作方向。

其次是执行。执行就是指被考核者在一个考核周期内，按照制订的计划去完成目标。在实施计划时，如果发现问题，要及时纠正问题，并根据实际情况及时修订、完善计划。在这个阶段，管理者要及时跟进员工的工作，以便收集更多有效的数据和相关的信息，有助于绩效考核阶段的工作顺利进行。

再次是检查。在这一阶段中，管理者的主要任务是根据考核目的、方法和标准，对收集到的数据和相关信息进行分析、处理，检查员工的目标达成情况以及在实施绩效目标的过程中所遇到的问题。检查，换句话说，就是对结果进行评估，从结果中找到绩效差距的原因，然后不断学习，改进绩效。在这个过程中，管理者首先要核定员工达成的结果。如果员工没有达成绩效目标，管理者就要帮助员工找到原因，然后和员工一起制订绩效改进计划，并在下一轮的绩效工作中付诸行动以解决问题，提高绩效。

最后是处理（行动）。这一环节是将绩效考核结果投入实际的工作中进行运用。行动是绩效改进最为关键的一个环节，因为这一环节意味着 PDCA 循环圆满结束了，但是同时也意味着另一个 PDCA 循环开始了。

总的来说，绩效循环改进，就是不断循环计划、执行、检查和处理（行动）这四个环节。但是，在循环改进时一定要注意以下几点：

➢在绩效实施过程中，寻找问题，解决问题；

➢不断修订、完善计划，遇到大的问题，要根据实际情况制订新的计划；

➢不断推进、不断提高，每一个循环流程结束后，都必须确保绩效又上了一个台阶。

绩效循环改进的宗旨是，不断改进问题，从原有的绩效水平改进、提升到一个更高的水平，并持续不断突破。所以，利用 PDCA 循环法改进绩效，能让员工和企业不断取得突破，实现更好的绩效目标。

极简管理箴言

改进是一个不能停下来的运动，

因为企业每天都需要面对新的问题。

推荐阅读

揭秘华为绩效管理的丛林法则！

书　　名：华为绩效管理法
作　　者：汪廷云 著
书　　号：ISBN 978 - 7 - 5454 - 5756 - 8
定　　价：42 元
出版日期：2017 年 11 月
出 版 社：广东经济出版社

洞悉惊人效率背后的魔鬼工作法！

书　　名：华为高效工作法
作　　者：冯南石 著
书　　号：ISBN 978 - 7 - 5454 - 5755 - 1
定　　价：45 元
出版日期：2017 年 11 月
出 版 社：广东经济出版社

解密华为狼性团队的锻造法则！

书　　名：华为团队管理法
作　　者：千海 著
书　　号：ISBN 978 - 7 - 5454 - 5907 - 4
定　　价：45 元
出版日期：2018 年 1 月
出 版 社：广东经济出版社

让 80、90 后自动自发工作的秘密！

书　　名：咨询式管理：突破 80、90 后管理困境
作　　者：张瑞阳 著
书　　号：ISBN 978 - 7 - 5454 - 4592 - 3
定　　价：42 元
出版日期：2016 年 6 月
出 版 社：广东经济出版社

一本书把合伙制那些事儿说清楚！

书　　名：合伙制：重新定义企业的组织形式
作　　者：解银坤 著
书　　号：ISBN 978－7－5454－5402－4
定　　价：45 元
出版日期：2017 年 6 月
出 版 社：广东经济出版社

一本书把股权激励那些事儿说清楚！

书　　名：股权激励：融资、融人、融智的零成本秘诀
作　　者：陈丰 著
书　　号：ISBN 978－7－5454－5403－1
定　　价：45 元
出版日期：2017 年 6 月
出 版 社：广东经济出版社

实战派培训师手把手教会你当众演讲！

书　　名：演讲是个技术活：15 招搞定当众演讲
作　　者：陈权 著
书　　号：ISBN 978－7－5454－4446－9
定　　价：38 元
出版日期：2016 年 4 月
出 版 社：广东经济出版社

实战派培训师手把手教会你当众演讲！

书　　名：演讲是个技术活：这 8 招“狠”管用
作　　者：陈权 著
书　　号：ISBN 978－7－5454－6433－7
定　　价：48 元
出版日期：2018 年 11 月
出 版 社：广东经济出版社

本书超值配套服务

↑
微信扫一扫，获取超值服务

欢迎各位书友使用本书超值配套线上服务！我们为你准备了**书友交流圈**、**实用表格大礼包**、**个性问答**、**趣味测试**、**阅读打卡**、**欢乐抽奖**六大内容。你可以寻找同类，与大家互动交流，与作者亲密接触，也可以在线测试自己在绩效管理方面的水平，与网友比拼绩效管理知识，从而提升绩效管理能力。

【书友交流圈】加入本书书友交流圈，将获得与绩效管理专家、同样想提高绩效管理能力的读者们互动和共同学习、交流的机会；

【实用表格大礼包】关于极简绩效管理法的实用表格，拿来即用，为你的极简绩效管理系统助力加油；

【个性问答】将你关于绩效管理方面的个性化问题提出来，让本书作者来一对一回答；

【趣味测试】绩效管理知识在线测试，与网友比拼绩效管理知识，寻找你的薄弱环节，针对性阅读提升，实现更高效的学习；

【阅读打卡】通过打卡来督促自己的阅读，达到目标天数还可获得丰富奖励；

【欢乐抽奖】回馈读者朋友们对本作品及作者的喜爱，免费赠书、免费和作者一对一线下面谈的机会等你来拿。

一等奖　免费和作者一对一线下面谈一次，为你在绩效管理方面答疑解惑、出谋划策

二等奖　免费赠书《华为绩效管理法》《股权激励：融资、融人、融智的零成本秘诀》各一册（包邮）

三等奖　免费赠书《华为绩效管理法》一册（包邮）